U0001203

HEART
心|視野

HEART
心|視野

撫慰人心的 52個 關鍵詞

大衛・懷特 David Whyte ／著

林力敏 ／譯

Consolations:
The Solace, Nourishment and Underlying Meaning of Everyday Words

獻給「文字」，

以及文字背後躲藏的美麗，

與曖昧的歧義。

目錄 Contents

目錄 Contents

好評推薦

當你找到萬物真正的名字，便能驅使它為己所用。

——李取中，《The Affairs 週刊編集》總編輯

這些人生關鍵詞的詮釋，可以擦亮自己的心靈，為自己的生活重新定位。

——凌性傑，作家

這本書裡的字不是指南針，不指引你該往哪個方向走；亦不是張地圖，要你定義你自身的經緯；更不是一本說明書，要你按部就班地完成某種可能的事物。他的撫慰來自於煉造，書中的每個字皆是一次次煉製的過程，打造一個專屬於閱讀者的錨，讓你能在漂浪之中停下腳步，深深地呼吸，緩緩地安定自己，於此得到一方歇息的天地。

——陳曉唯，作家

一本講述語言之安慰力量的小品文，美麗、優雅……永遠把這本書放在你的床邊吧！我知道我會這麼做。

——伊莉莎白．吉兒伯特（Elizabeth Gilbert），《享受吧！一個人的旅行》作者

推薦序

重返文字之鄉，尋找更深的屬於

——瑪麗亞．波普娃（Maria Popova）
作家、「智慧選擇」（Brain Pickings）網站創辦人

「字詞屬於彼此。」吳爾芙沙沙刮人的聲音，從她僅存的錄音紀錄裡裊裊傳出來。的確，字詞雖由我們所創造，但別愛到昏頭，因為字詞並不屬於我們，字詞不是能擁有的靜止想法，不是能交易的藝品。字詞是活生生的，有機的，彈性的，多孔的，野性的，意涵不斷演變的。字詞擁有我們，多過我們擁有字詞。字詞餵養我們，

多過我們餵養字詞。字詞屬於彼此，而我們屬於字詞。

然而最常見的字詞，那些載納最基本真實的字詞，那些傳遞最基本經驗的字詞，正緩緩失卻意義：陷於誤用，損於濫用，毀於濫思與不思，喪失體量與幽微色彩。

在這本書中，作者大衛．懷特（David Whyte）帶我們重返文字之鄉，憑大方寬厚之行，還原貌於諸詞，還眾人於本我——讓我們這種製造意義的生物，徜徉於這座關乎理解的，威力十足的古老迷宮：語言本身。對於本書所選的每個字詞，無論是憤怒、渴望或沉默，懷特主要是重新賦予生命而非定義，在於擴充而非限縮。一篇篇文字很短，卻蘊藏無比的仁慈寬大，娓娓重訴每個字詞與意義，不僅真確而且真誠。

「友誼是面貌的鏡子，是寬恕的證明。」他這樣描述友誼，而這個詞在社群媒體時代本是如此空洞，當我們的文化是如此無情與如此犬儒。懷特的文字引人入勝，充滿詩意的想像，替最陳舊的字詞織進思緒與情感，重拾光燦的意義。於是我們得到至上的禮物：一種更深的「屬於」——屬於文字，屬於自己。

作者序

寫給臺灣讀者的話

此書收錄的字詞，是我想恢復原貌，送還給人們的禮物，作為一份日常、實用，且重新定義的禮物；我想挽回字詞裡那些因過於熟悉而隱蔽起來的珍貴事物。我們每天所說的話，大多數並不等於我們想要表達的深層意涵。書中每篇都是試圖讓一詞還原到其本身最初的完整含意，更加完整與真實，也是以一種深刻的方式，讓我們自身還原到我們自身。

當作家最有意思的事情之一是：你在語言裡捕捉到的孤單和私密的片刻，經由一條不可思議的路，到了外頭和世上遙遠角落裡的陌生人相遇，甚至和心靈相遇。拙著有幸受到全球讀者喜愛，但於我而言更可貴的是，我對於寫作此書的熱愛程度，如今看來似乎和人們喜歡閱讀它的程度不相上下。

這本書是在旅行中，任何可能的時間與地點寫成的：我在餐廳、咖啡廳和酒吧寫作；大熱天之下，坐在古羅馬廣場廢墟的大理石底座上寫作；在愛爾蘭的酷寒山腰，於岩石後方避著冷風寫作；窩在威爾斯友人家的農舍爐火邊寫作；在倫敦和巴黎搭地鐵時用筆電寫作；偶爾在旅館或我自己家——謝天謝地——房間的壁爐旁寫作。

能有機會與臺灣讀者的心靈和生命搭築友誼，是極其美妙的事。臺灣擁有優秀的文學傳統，在我的想像中，是一個充滿活力的美麗島國。很高興拙著如今有了繁體中文版，這些文字能夠到達我從未去過的地方，結交情誼，彷彿謙卑且迷人的大使，描繪著我們所有人都必定能觸及的，日常話語底下的意義之基。

01

孤單

Alone

透過距離，

衡量我們與他人的相依。

孤單是個單獨而立的字詞，自有孤絕的美感，就算說給別人聽依然還是孤單。這個詞給人的感覺既可以是往內深入探索，也可以非常可怕，像是遭到遺棄，莫名地如同一個盡頭，彷彿你一旦碰到就會困在裡頭，無從逃脫。花時間獨處的第一步，就是承認我們有多麼害怕孤單。

處於孤單是一門困難的學問：美麗而艱難的獨處，向來是我們深切探索未知的起點，但第一道門時常像是關卡，通往疏離、悲傷和遺棄。我們永遠可能落入孤單，對此常下意識深深害怕。

無論時間長短，處於孤單都像是脫了一層皮。孤單的時候，和與人相處的時候，身體是不一樣的。當我們孤單，身體是一個疑問句，而不是肯定句。

孤單滲透而入，要我們重新想像自己，要我們不耐煩自己，厭倦於一成不變的舊調，一小時再一小時，慢慢以另一種方式述說，彷彿先前我們沒注意到的另一對耳朵復活過來，在寂靜裡開始仔細傾聽我們自己。為了讓孤單擴大，哪怕只是可貴的幾小時，我們都需要和寂靜做朋友；而同樣重要的是，我們需要以自己獨特的方式安於安靜，以自己獨特甚至超群的方式安於孤單。

安於孤單和安靜就是完全別再去想。首先，孤單永遠帶來陌生和脆弱，一種可怕的簡單，一種未知和未明，讓我們希望找別人陪伴，而不是面對未知的自己，被陌生的自己從安靜之鏡裡往回盯著看。

自我疼惜的一個重要來源，就是深深明白我們不願只剩自己一個人。

孤單先是讓我們對自己的想法感到困惑，覺得古怪甚至醜陋，但在某個時刻或某個日子，醜陋轉變為出乎意料的美麗，新看法開始成形，內在的生命緩緩編織，終至展現在天光下。

孤單不見得是身邊沒人，根本的一步是讓自己處於孤單，停止不斷斥責和詮釋，擺脫觀點的瑣碎和複雜。孤單感是可以培養的，即使有人陪伴仍能處於孤單。孤單不需要身在沙漠，不需要身在汪洋，不需要身在死寂的荒山。人有辦法跟別人密切相處仍深深孤單，有辦法喧囂奔忙仍深深孤單，在開會時感到孤單，在最快樂和堅貞的婚禮上感到孤單，在滿載乘客和船員的船上感到孤單。

在最親密的時候，也許會深切感到孤單的艱難，例如跟伴侶同床共枕，僅僅相距一公分，卻似相隔千里；或者同桌吃飯，卻乍然陷入沉默。然而在有伴時孤單其實也是一個機會，既領悟到人終究是孑然一身，又感受到無論我們願不願意，仍實際和別人深深繫在一起：孤單是透過一段距離來衡量我們與他人的相依。

二十一世紀初期非常不流行孤單，無論是感到孤單或想要孤單皆然：承認自己孤單就是在否定別人，在拒絕別人，彷彿他們不有趣，不好玩，不是多好的伴。尋求孤單是一種很激進的行動，拒絕別人的聊天和好意，轉身迎向另一扇門，迎向另一種不見得能由人類字彙所定義的款待。

也許，從工作、自身想法或忠貞伴侶身旁抽離正是一大關鍵，讓我們欣賞別人，欣賞工作，欣賞另一種生活，能給他們空間去獨處，就像給自己空間去獨處，讓孤單再次成為一種選擇，成為一種成就，而不是一種該責難的狀態。

02

雄心
Ambition

雄心的強光最終將使所有祕密枯萎，
來不及從內在開花。

雄心這個詞缺乏真正的雄心，是凍結的欲望，是面對職業生活裡種種沉悶與束縛而生的逆流與目標。雄心對於年輕人和尚未實現的生活而言，或許是不可或缺的，但對成熟的生活而言，卻可能成為阻礙。雄心使我們遠離潛藏在有創造性的對話底下的重要本質，反而以一個目標掩護自己，但那個目標經過過度的描述，過度的熟悉，過度的理解，變得虛假不實。

擁有雄心的一種輕鬆感在於可以解釋給別人聽，但雄心的弊病也在於可以很輕鬆地解釋給別人聽。值得獻身的志業是不能這麼輕易被我們了解的。萬物本色都有其祕密的語言，有祕密的內在意欲，其神祕的流向甚至連付諸實踐的自己都可能感到訝異。

雄心的強光最終將使所有祕密枯萎，來不及從內在開花；也使得祕密無法在畢生追尋的志業裡結果，變得圓融與寬宏。

我們也許能以雄心的強光，照亮未來的一隅，但終究只能看見本來即熟悉的夢想。空有雄心，就會像一般的億萬富翁，總會變得單調乏味，只一心建立企業帝國，謀求更鋪天蓋地的掌控。然而真正的工作是叫我們超越自我，把心打碎，使我們謙遜，使我們簡單，使我們澄明，使我們看見工作的初衷，看見底下躲藏的核心本質。我們發覺，原來打從一開始就擁有了所需的一切，最終，我們必須回歸本質——若沒有實際經歷過心碎的旅程便無法理解的本質。

我們以自己的努力為傲，但未來其實無從想像。雄心帶領我們迎向地平線，卻跨越不過去——因地平線會不斷往後退，可望不可及。然而，天職是兩個方面的對話，一方是我們的身體、工作、才智和想像，另一方是嶄新的世界，這個嶄新世界本身就是我們所追尋的天地。一份工作永遠包含具體的失去和哀傷，我們想做得完滿卻一再失敗；而真正的天職永遠能把雄心和失敗化為憐憫，帶來對他人的理解與感同身受。

雄心需要依靠不懈的意志與精力來堅持下去，但真正的天職需要持續留意周圍未知的重力場，我們從中充電，彷彿在充滿可能性的空氣中呼吸。人生志業不是一長串石頭，由我們一步接一步平靜走過去，而是更像在橫越大海，沒有道路，只有前進，只有方向，在與核心本質對話。當回首來時路，我們留下的，只剩海面依稀閃爍的波紋。

年輕人跨出頭幾步之際，往往視雄心為理所當然，得等到經歷其本質上的虛假不實，方能明白立於雄心背後更大的現實；而當一個人懷抱雄心太久，尤其接近暮年，總會缺乏驚奇，人生最後幾年變成第二個童年，過往的成功不再，淪為可嘆之徒。

人生志業留下真實的波紋，抵達了慷慨，將年輕後代的希望當作快樂：不只把所獲得的獎勵傳給他們，還把這祕密本身傳給他們，把這段旅程之所以能成其旅程的技藝傳給他們。

我們所能留下最大的遺澤，大概不是把雄心灌輸給他們（雖然我們首先可能得承認當初的志業正伴隨著雄心）；我們所能留下最大的遺澤，是傳承一股全然的特權，讓他們找到一條路，一個可跟隨的方向，然後得以邁步向前，通常這條路上會有其他人相伴，會遭遇艱苦的困境，獲得小小的勝利，而最大的禮物就是你同時見證了，並充分地參與在對話之中。

03

憤怒

Anger

憤怒指向最純粹的同情，

怒火永遠照出我們的歸屬，

照出我們想保護的事物。

憤怒是一種最深的在乎——對於別人，對於世界，對於自己，對於生命，對於身體，對於家人，對於我們所有的理想與脆弱，凡此種種，感知到他們可能會受到傷害。

扣除禁錮與暴行，憤怒指向最純粹的同情，怒火永遠照出我們的歸屬，照出我們想保護的事物，照出我們即使受到危害也願為之冒險的事物。

我們稱之為憤怒，但追根究柢，通常只是我們被伴隨而來的脆弱壓倒，或是我們內心失落的角落被觸及，或是我們無從抓牢，或是我們面臨理解的局限。我們稱之為憤怒，但其實只是在日常生活無法守護這種最深的在乎，我們的身體或心靈不足夠偉大或寬大，無法全然抓住無可救藥的所愛。

我們表面上稱之為憤怒，但其實是一種激烈的外在反應，反映了自己內在的無力，關乎深切的在乎和刺痛，無從以外在的身體、身分、聲音或生活方式來掌控這種無力。

我們稱之為憤怒，但時常只是不願充分承認自己的恐懼或無知——關於我們對妻子的愛，關於我們對兒子的深切在乎，關於我們對極致的渴求，關於單純想好好活下去，好好愛身邊的人。

憤怒最常浮上表面的時候，是當我們感覺這種無力與脆弱有深切的錯。憤怒太常像一種異聲，我們可能會語無倫次或有口無言，但究其純粹的狀態，憤怒是感到我們與世界牽連著，因為對特定事物的愛而變得脆弱，這類事物諸如：女兒、房子、家庭、事業、土地或同僚。

憤怒化為暴行或惡言，但這源於身體因深愛的外在事物而陷入脆弱，內心卻不肯承認——我們常被愛我們卻沒能理解的人所傷害，被內心在乎或匱乏但不顯於外的人所傷害。他們無法把這份內在表現於外，被愛的脆弱本質壓倒，陷入無助，結果明明是自己對內在缺乏掌控，卻發洩於所愛的對象。

然而憤怒的核心是火光，想充分活在當下的火光。我們要找到憤怒的源頭，加以獎勵，加以照料，設法把這源頭帶上來世界，而方法是讓內心更加澄明和寬大，讓內心更慈悲，讓身體足夠強大有力去掌控憤怒。

我們表面上所稱的憤怒，其實只是內在本質的鏡像，供我們看見自己的內心。

04

美

Beauty

剎那與永恆的交會，

前一刻與下一秒之間的瞬息。

美是對當下的豐收。美是在轉瞬即逝的剎那，看見或聽見外在，而那外在早已深深存於我們的內在。眼睛、耳朵或想像力突然變成一座橋，在此處與彼處之間，在過往與現在之間，在內部與外部之間。美是對話，一邊是我們認為外在世界正上演的事物，一邊是我們內在深處正上演的事物。

美是一種雙重的狀態，一重是深切的關注，一重是自我的遺忘，忘掉所見，忘掉所聽，忘掉所聞，忘掉所觸，消除我們與他者的隔閡、距離與恐懼。美是一個邀約，透過狂喜把我們帶到恐懼的交界，一邊是我們認為自己的模樣，一邊是我們認為世界的模樣。美幾乎總是來自對稱，來自有趣的不對稱。這些對稱與不對稱見諸萬物：飛蛾的翅膀、飄渺的天空、厚實的土地，以及可愛臉龐上那雙倒映著我們身影、悠然且專注的眼眸——因此，對稱也讓內在和外在的認知交會，一邊是他者臉上遠遠的地平線，一邊是自己內在遙遙的地平線，就這麼融合交會。美是內在表情和外在表情映在同一張臉上。

美尤其出現於剎那與永恆的交會，前一刻與下一秒之間的瞬息：春天初綻的蘋果花海，燦亮的落葉迴旋飄墜；雙手小心翼翼將白色棉被掛在繩子上通風，平滑的被面灑滿陽光，片刻間由微風吹鼓，航向晒乾的未來，那未來永遠在招手，永遠在我們前方一點點。美是對當下的豐收。

05

開始
Beginning

開始得好或壞不太重要，
重點只在於有開始。

開始得好或壞不太重要，重點只在於有開始，不過好好開始的本事仍堪稱一種藝術。就像學習一種陌生的新樂器，所需的第一步乃是花點時間，尋出簡單清楚的第一個音符，而通常這簡單清楚的音符是一種寬恕，容許自己在這階段擁有一無所知的權力。

面對任何事物，好的開始是在去除困惑，去除雜蕪，去除複雜，擷取必要本質常隱而未現的美麗輪廓。

要開始很難。我們會裹足，會拖拉，會想方設法遞延，而這始終精確反映出自己有多麼不情願，不願勇敢跨出最近的第一步去開拓快樂。

原因大概在於，第一步總始於身體的基本核心，始於那個我們忽略的身體。好好開始意謂著重返身體，趕上自己，趕上前次試圖開始之後變成的那個自己。這是種激烈的實體具現，帶來同樣劇烈的內在淨化，於是突然間，很大部分的我們，那些長年來為利而留的部分，那些仍在重唱複雜老調的部分，突然失業了。

一種內部組織的縮編於焉展開，那些害怕參與的部分，那些如今無貢獻的部分，就這麼被放掉，所以死亡般的創傷浮現，最後的戰役開打，後方的士兵簡直難以置信：竟然只需這麼簡單的一步，一個較不複雜的嶄新自我，就能迎向前方嶄新的可能性。

我們永遠很難相信勇敢的一步竟然近在咫尺，近得超乎想像，實則早已知悉，而且比原本所想的更簡單與基本：只要拿起筆就好，只要拿起木鑿就好，只要拿起樂器就好，只要拿起電話就好。

正因如此，我們很常偏好複雜的敘事，安於躲在恐懼的陰影之中，希望讓天涯永遠遙遠，讓承諾從未全然實現，明明近在眼前，卻遲遲裹足不前，心頭的答案始終都是——不可能。

06

包圍

Besieged

無論我們是被簇擁或孤單一人，
最好的還是處在交叉路口。

包圍是大多數人在大多數時候的感受：被事情包圍，被人們包圍，被所有責任與義務所包圍，被自己找來的新機會所包圍，尤其是被長年努力換得的成功所包圍。

無論勝敗，受事物充塞、侵擾和圍困，不只是當代社會普羅大眾的日常感受，根本上從人類意識萌生之初，即持續糾纏世人。人生在世，總逃不了各種承諾：即使置身無人荒島，也會像魯賓遜著手把荒島變成家園，或是打造小舟設法逃離；明明叫別人走開，他們卻依然盤旋左右想問出個原因；就連賺進可觀財富，獲得個人自由之際，全世界都湊過來想分一杯羹。

如果世界不肯放我們一馬，我們大概該學著受一切包圍而不以為忤。每天的開頭不是拿著一份待辦清單，而是拿著一份勿辦清單。在這時刻，超脫於時間所縛的世界，在破除與安靜中，重設先後順序，重設輕重緩急，重新想像日子和自己。從自由無束的觀點，開始日常的對話，重新看見自己，彷彿生平第一次般重新進入世界。我們送走自己，送走功績，送走雄心，送走講述過頭的希望，看它們會以何種形式回來。

為了減輕這種圍困，我們竭盡所能顧好孩子，卻又在對的時刻帶著祝福送別他們，無論他們走往哪個危險的方向都行。我們經營事業，開支漸增，但始終記得這事業最初是通往自由的門徑。我們歡慶成就，同時明白有另一片天地在呼喚，我們其實必須從頭來過，一次又一次從頭來過。為了衡量成功，我們學著貼近內裡，而不是好高鶩遠。

我們被一切包圍，無怪乎男男女女一下子夢想著置身另一個隔絕的世界，一下子又因感到孤獨而想受別人所需要。無論我們是被簇擁或孤單一人，最好的還是處在交叉路口，在無從挽回的孤單和無從挽回的歸屬之間，甚至在兩邊無需選擇的對話之間。我們兩邊都是，別人永遠不會走開，而孤單永遠可能實現，甚至實屬必要。

在每日的圍困中，創造孤單的狀態，也許是個人能替自己所做最勇敢的事情之一。但丁說「處於人生的中道」，這正是一種包圍，卻是美麗的包圍，因為我們造了一個立足之處，在我們漸漸愛上的人事物和麻煩之間，不再把種種糾纏當作仇敵，不再感到被團團包圍，而是像首次參演一齣戲，既習以為常，又饒富驚奇。我們發覺，有人敲門不只是負擔，也是榮幸。我們發覺，受世界注視、認可與需要，有地方能接納一切人事物，遠遠好過沒有。

07

接近
Close

人類的本質不在抵達，
而是將至未至。

接近是我們總是保持的狀態：接近快樂、接近彼此、接近離開、接近落淚、接近天神、接近灰心、接近完成、接近開口、接近成功，甚至是——懷著至高的滿足感——接近放棄整件事物。

人類的本質不在抵達，而是將至未至：我們總在路上，我們的旅程是一連串懸置的抵達。我們下意識在衡量自己與接近之間的遙遙距離，一種因放棄分離而產生的怯怯脆弱。

超越我們的普通身分，比接近更接近，是在暫時的喜悅裡失去自我，是一種抵達，僅只讓我們來到一種更深的親近，模糊掉固定的身分、掌控的身分，及表面的身分。

有意識的接近，是一種英勇的單方面繳械，賭上臂彎與愛，願意置情感於危險之境，無意識地宣稱：我們也許等同接近的脆弱性所必定帶來的失落。

人類不是靠完成或抵達來找到本質，而是靠接近自己喜歡的前往方式，接近於站立之地與所往之方的對話方式。我們其實總在接近那終極的祕密：我們的真實更在於盼望尋得方向，而不在於抵達；在了解與不了解之間，那一步無比接近快樂。

Close

08

坦承
Confession

坦承是讓自己自由，
是宣示自己準備好走上更勇敢的道路。

坦承是卸下防備，說出原本如同恥辱的真相，而這突然變成一條途徑，通往踏實大地的入口，甚至是回家的第一步。坦承是讓自己自由，不只可以是承認罪過或疏忽，也可以是超脫眼前的處罰或孤立，宣示更深的忠誠或獻身。坦承是宣示自己準備好走上更勇敢的道路，拋開先前防衛的身分，甚至視之為不當的干擾，視之為錯誤的幻覺，在先前多年害我們忙得團團轉而不去面對真正的問題。

目標也許是免於欺騙的自由，但所有坦承都伴隨後果。我們對這後果的害怕有憑有據，先前維護祕密的身分幾乎必然在揭露後消亡。我們在孤立中展開新生，也許確實被先前欺瞞的對象避開，甚至被不理解我們為何需要坦誠的人避開。坦承隱然代表著以孤單之姿展開新旅程，先前熟悉的同伴不再相隨。

許多人在臨終的病榻上坦承真相，原因是死亡與消失在即，再懼然地維護守著祕密的舊身分不免顯得荒謬，甚至可笑，我們忽然間不再是先前一路保護的那個自己。在死亡的陰影下，我們明白為了保護一時半刻的身分需耗費多少精力與意志。當我們脫離原本靜止的祕密，必然要有新的效忠，一條屬於抵達的河流，不只是一時的落腳處，而是從深層形塑並建立新的人生——即使我們在臨終前才正開始學習這件事。

因此，坦承並不被動，不只是能面對過去的錯誤；反之，坦誠的原意是以主動為基礎。在基督教的早期傳統中，告解（即confession）意謂說出自己的宗教信仰，在（通常無動於衷）的見證人面前大聲說出口，藉此明白自己相信何者為真。坦承是踏進脆弱和赤裸，有時是讓自己接受那些並不完全了解個中掙扎的人所擺布，由他們操生殺大權。

當我們靠坦承來宣告新的自我，便能以新的目光來看待這種對他人的違逆，出發點是我們躲藏的某樣東西，不只是向世界躲藏，也是向自己躲藏。藏著這祕密不只是防範受處罰，也是裹足不踏出勇敢的下一步。為了坦承但不受處罰，我們首先對自己坦承，踏上祕密的實地，踏上自己寬廣的內心，然後構思向世界吐露的最佳說詞，設法融合兩個原先不相容的世界。坦承是統合觸怒與被觸怒，是統合內在與外在。

坦承不只是說出我們一路對自己隱瞞的真相，靜靜說出當初吐露不了的實情，而且是懷抱希望投身於一個更大的力量，也許能因此避免重蹈覆轍，不再犯相同的罪過。

09

勇氣
Courage

意識到我們原已深切在乎的事物，
並經歷隨之而生的無邊脆弱。

勇氣這個詞促使我們往外思考，英勇地奔向火場，在腹背受敵時做出英勇之舉，也許最重要的是在眾目睽睽之下做出來，展現出勇氣，得到榮耀，得到傳誦，得到閃耀的勳章。然而最初這個詞的意思是往更內在看，源自古諾曼語的單字「coeur」，也就是「心」。

勇氣是衡量我們發自內心對生命的投入，對別人的投入，對團體的投入，對事業的投入，對未來的投入。勇敢不見得要去哪裡，不見得要做什麼，而是意識到我們原已深切在乎的事物，並經歷隨之而生的無邊脆弱。勇敢是把感情深深置於身體裡，置於世界裡：持守人際關係裡既存的種種必要，持守早已深切在乎的事物——對於別人，對於未來，對於社會的某個可能性，對於持續向我們乞求的某個未知。**勇敢**是堅持做自己。

法國哲學家卡繆常告訴自己要「活在泫然欲泣的邊上」。這不是多愁善感，是深切的歸屬，是受這份歸屬而影響、形塑與根本的傷心，是為此動容，彷彿驚訝於愛、情感和可能伴隨的失去，這些事物的真實。勇氣是愛受到日常生活考驗時的模樣。

從內在出發，這份感覺也許混亂，但我們慢慢明白自己真正在乎什麼，讓外在生活與這股引力結合。這份強烈的脆弱，變成唯一必須前往的方向，唯一真正的邀約，最確切與最安全的地面，由我們踩著往前邁步。在內心裡，我們變得明白自己愛誰，愛什麼，要怎麼去愛，要怎麼愛得更深。而只有從外頭看，只有當你回首，這才顯得像是勇氣。

10

危機
Crisis

兩個暴風雨相遇，
那條脆弱的邊線，
從裡面把人壓倒，
從外面把人擊潰。

危機是無法避免的。每個人的人生似乎最終總會受某種無可名狀的力量牽引，某種海潮，某種地磁，迎向必然的困境，彷彿先前的一切都在鋪陳這次命定，這次衝突，這次與自身缺陷根本的相會，於是人們被打斷，被頓挫，被重擊。

這種經驗在先前隱而未現，常遭忽略，現在卻顯而易見是人生的必然，為人們所感受，生命的痛楚交織進日常生活的質地，照見無比的脆弱，一種必將迫近的失去。數個世紀以來這被稱作「靈魂的暗夜」（La nocheoscura del alma），但更貼切的形容或許是兩個暴風雨相遇，那條脆弱的邊線，從裡面把人壓倒，從外面把人擊潰。

從裡面把人壓倒的波浪，源於他們自身缺陷當中無從逃脫的本質，源於他們的自欺，源於他們想以不實的名字與說詞在世界裡安身立命，源於他們認為需要掌控周遭的說詞，而不顧外在揭示的真相。從外頭迫近的強大波浪是在促使人放棄那個自己，被波浪擊倒，被揭露，重新命名，重新排序。

走在兩者之間的邊緣，面對兩者的匯聚，是最難立足的地方，在那裡呼吸進兩者，造一個兩者的世界，主動讓兩者交會與交換。即意識到我們需要被人需要，意識到我們渴望被看見，意識到我們持續渴求著援手，卻身在一個光照劇烈的世界，受風吹雨打，受存在的樂音圍繞，得以被活著的世界找到，得以適時忘我地接受世界召喚，一個實屬赴死的排練，一個內外可以顛倒的地方，而內在與外在正變動不居地流動。

11

否認
Denial

當我們還不夠成熟，
還沒準備好面對，
那麼拒絕面對就有助於活在當下。

否認是一種被低估的存在狀態。否認時常是仁慈的力量，根本的力量，在維護自我，在呵護自我，在陽光裡燦爛耀眼——直到我們準備好前進的時刻。尋常人生裡，每當面臨失落和消逝，否認就是一種必須，一種創造，一種自我疼惜：就像小孩不必知道自己有一天會死，大人也不必告訴他們。當我們還不夠成熟，還沒準備好面對，那麼拒絕面對就有助於活在當下。

當我們充分感受這份否認，也能了解自己有多麼勉強與不願處於這裡，這因而變成一種自我認知的途徑，同時也是一種方式，去留意與欣賞那些渴望被看見的事物。否認是美麗的過渡狀態，每個人（通常是被迫地）離開熟悉無比的家鄉，還沒進入下一個天地，在孤苦無依之際，正是逗留在這個過渡狀態。

否認在人生裡尋常可見，無法避免，古聖先賢都會否認，就連達賴喇嘛也不例外。否認實屬必須，如此一來，可怕駭人的風暴可以先擱在一邊，擱在地平線那邊。否認是屬於我們所有人的。

否認如果太僵化，太死板，可以如同監牢。不過當我們還不敢放膽跨出下一步的時候，否認就是必要的踏腳石，是仁慈的地基。否認可以是美麗的蛻皮，留待被看見，甚至當別人穿著我們原先的衣裳，循著我們的腳步，那麼否認能給他們美麗，給他們祝福。藉由觀察和感受我們的否認，能了解自己為什麼不願意，了解這份不願的真正本質，也就能直接看進靈魂想投入的願望。

我們全都生活在一時的名字，一時的說詞，才能一面呼吸當下的空氣，一面直視迫近的強大現實。否認在此有理所當然的作用，尚未準備好的我們與其凝視現實，遠不如留意可親的風光。

對於我們而言，否認是非常好的陪伴。否認是感受與就緒的交叉路口，「否認」否認就是在尚未準備好面對之際，讓風暴過早襲來。

12

絕望
Despair

絕望是艱難但美麗的必要，
是人對殘酷世界的理解。

絕望把我們帶到無處可逃的地方，心碎到不能再碎了，我們的世界消失，我們所愛的人消失，我們覺得自己無法被愛，我們覺得自己不值得被愛，我們的神令人失望，我們的身體承受無從擺脫的劇痛。

絕望是避風港，自有某種片刻的美麗，某種自我的疼惜，是想逃脫痛苦時接受的邀約。絕望是最後的保護。消失於絕望，是尋求一個暫時但必要的幻覺，是一個藏身之處，我們希望任何事物都無法再以相同方式在那裡發現我們。

絕望是必要的修復狀態，是暫時的療癒，是季節，是內部生理與心理的冬天，我們先前參與世界的形式在此歇息。絕望是失落的地平線，是我們不想再被相同方式發現時前往的地方。當特定願望不再能實現，我們放棄希望，於是絕望既是忍耐的時間，也是癒合的時間——即使我們還沒找到新希望的形式。

奇妙的是，絕望是希望最後的堡壘。我們的希望是，如果不會被先前的方式找到，就不會被相同的方式觸碰或傷害。絕望是甜蜜的錯覺，讓我們既離開身體，又還住在身體裡，於是身體可以不再有感覺。當我們不想再以這個世界為家，絕望就是我們去的地方，在那裡有一種美麗而殘酷的滿足，我們感到也許打從一開始就不值得那個家。奇妙的是，絕望自有其成就感；更妙的是，絕望需要依賴絕望來活下去。

當我們試著要絕望停留得長過原本的季節，想以凍結的失望形塑自我，這時絕望會變成憂鬱和抽空。如果我們想讓絕望停留得長過原本的時間，方法是強行創造人為的距離，把自己抽離身體的感覺，把自己困在失望的心裡，相信季節就此停歇不再遞嬗，而也許最簡單但最重要的方法，是不讓身體自行完整深呼吸。當我們對時間的感受凍結，對時間的節奏凍結，絕望就能活下去；當我們不再感覺受縛於時間，當季節得以推移，絕望就會死去。

為了讓絕望活下去，我們必須抽空並停下身體、聽覺、觸覺和嗅覺，跟環繞世界的春天保持距離。絕望需要照料，需要補強，需要隔絕，但如果我們不去管，身體會自行呼吸，耳朵會聽見破曉的鳥鳴，聽見風吹過樹木的沙沙葉響，而這陣風會吹散最暗的烏雲，吹走最堅定不移的季節，於是心臟繼續跳動，我們發覺世界永遠不會停止，永遠不會走開。

絕望的解藥不是勇敢地用快樂替自己打氣，而是勇敢地去注意身體和呼吸，隔絕我們受到禁錮的想法和說詞，甚至更妙的是去注意絕望本身，注意我們抓著絕望的方式，會發覺絕望從一開始就不為我們所有，不為我們所握。充分觀看和感受身體裡的絕望，是開始把絕望看成必要的季節性造訪，邁出第一步去讓絕望有自己的生命週期，不抓住，不驅趕，而是讓時間自己到來。

離開絕望的頭幾步，是完全接受絕望的重量，別一心想脫離絕望。我們讓自己的身體和世界再次呼吸。耐人尋味的是，這樣一來，絕望只能轉變為其他東西，轉變為別的季節，從一開始就不得不如此。絕望是艱難但美麗的必要，是人對殘酷世界的理解，一個半數感受被失落襲擊的世界。然而絕望是季節，是通過身體的波浪，不是困住我們的監獄。只要放季節自由，季節終究會走，無論再慢都會憑自己的力量與意志走掉。

我們若不肯絕望於絕望本身，就能讓絕望擁有自己的生命，而我們也就朝向對人類的同情邁出第一步，去看見，去理解，去觸碰，去對別人真切的哀痛感同身受。

13

命運
Destiny

我們談論人生本身的方法，
會影響我們的未來。

命運永遠有個所有人，例如我的命運、你的命運或她的命運，似乎無法避免，似乎等在後頭，是屬於故事書或神話裡的字眼。日常對話很少用「命運」這個詞，唯恐招來相信或不信，有些人否認有高高在上的主宰力量，有些人認為必定有雙看不見的手在擺布芸芸眾生。然而談論命運不只涉及我們的可能性，也涉及我們的缺陷，於是我們跟莎士比亞一樣，感覺到性格裡懸而未決或未說的部分也許更具有威力，凌駕於其他更好的部分。

當我們在信與不信的極端之間做選擇，也許會錯失日常對話裡命運的本質。我們談論人生本身的方法，會影響我們的未來，至於我們做或不做什麼倒沒那麼大影響。兩個人若是對未來抱持天差地別的看法，等著他們的未來就截然不同，無論當下採取什麼行動都一樣。甚至即使採取相同行動，若是對人生有不同的談法，仍會導致不同的結果。我們怎麼形塑世界，就怎麼形塑自己。我們怎麼面對世界，就看見世界怎樣的面貌。

奇妙的是，每個人無論怎麼做，對人生的談法總會應驗為命運。命運的應驗也許是完滿，也許是沮喪，也許像回家，也許像放逐，更可能像在光譜的漸層之間。這仍是我們的命運，是我們的人生，但自我的滿足和實現與否，也許取決於勇敢的參與，取決於願意大膽投身不同的世界，充分發揮天賦，熟悉自己的深度，熟悉自己意外發掘的廣度。一個長久演練的堅韌脆弱，能及得上未來任何的橫逆。命運不只取決於天外的強大力量，也取決於我們與日常生活的熟悉對話。

14

失望
Disappointment

失望是重新評價現實本身，
重新評價我們與周遭人事物的基本關係。

失望無從逃脫，但實屬必要。失望是被誤解的仁慈，但若有正確理解，則是轉變的契機，能發掘生活底下隱而未現的信任和寬宏。想活得毫無失望，如同試圖避開寶貴的脆弱，但生命的對話正是因這份脆弱而真實且動人，而更像生命。想活得毫無失望，如同試圖避開我們自己必要而慈悲的心碎。失望是重新衡量自己，重新衡量自己的內在世界，越過對外界投射的假象，看見後方更寬廣而根本的真實。

我們所謂的失望，也許只是解放的第一階段，迎向下一個更好的存在方式。失望是重新評價現實本身，重新評價我們與周遭人事物的基本關係——先前誤讀了，誤解了，等到妥善失望才恍然大悟。失望是第一次真切有益的心碎，對於婚姻，對於工作，對於友誼，對於人生本身。

願意擁抱失望就是一種勇敢，昂然與之相迎而非轉身躲避，明白所有關乎人生的真實對話都涉及某處心碎。在真誠的人生路上，我們會澈底失望，跌倒在地，初看是被背叛，最終卻因而腳踏實地。

失望是重大的提問：我們是否肯讓失望帶著我們貼近大地，更感受自己，更感受世界，更了解世界裡的美好和機會？還是說，我們只將失望當作傷口，往後退縮？

失望促成轉變，促成對自己和別人更準確與寬大的衡量，是在考驗真誠，是在激發韌性。失望是置身生命進化的前線，是看見現實，原先以為現實是某一個樣子，結果卻是另一個樣子，常常是更艱辛，更難耐——但奇妙的是——最終也更值得。

Disappointment

15

寬恕

Forgiveness

保有澄明、理智和寬宏，
把心變成自己希望的樣子。

寬恕是一種難以做到的心痛，耐人尋味的是，其原因在於寬恕不僅拒絕消除原本的傷口，還要靠近傷害的根源。寬恕是靠近傷害的本質，接近赤裸裸的中心，唯一的療法是重新想像我們與傷害之間的關係。

也許我們受傷的那一部分永遠無法寬恕，但奇妙的是，寬恕從來不是出自受傷的那一部分自己。受傷的那一部分自己也許無法忘懷，大概也不必忘懷，就像生理的免疫系統那樣，心理的防禦機制必須記住傷害，以防範未來的攻擊——畢竟需要寬恕的前提就是曾經被傷害。

特別的是，正是受傷的那一部分自己最終使寬恕成為同理之舉，而不是單純的遺忘。相較於當初受傷的自己，寬恕是有一個更大的自己，更加成熟，最終開花結果，不只得以擁抱內在受傷的自己，也擁抱當初受傷的記憶，進而理解當初傷害我們的人。

寬恕是一種技能，保有澄明、理智和寬宏，把心變成自己希望的樣子。寬恕是體認到，如果理解能帶來寬恕，而且理解只是時間和心的問題，那麼我們何不一開始就寬恕，不必非得經歷化膿、無力、不願癒合和終至祝福的整個循環。

寬恕是把自己放在世間更大的重力場裡，而不是當初似乎傷害了我們的地方。我們以成熟的眼光重新想像自己，以嶄新的身分重新想像過往，超越當初傷害我們的情境，踏進更寬廣的情境。

在人生末尾，幾乎所有人最大的願望就是得到寬恕。我們要是不願等下去，現在就寬恕別人，便從此展開一段長長的路程，變得夠強大、夠有能力、夠寬宏大量的人，使自己在最終盡頭獲得寬恕。

16

友誼
Friendship

友誼是面貌的鏡子，
是寬恕的證明，
協助我們從別人的眼睛看自己。

友誼是面貌的鏡子，是寬恕的證明，協助我們從別人的眼睛看自己。多年的友誼若能維繫，必是因為對方一而再地原諒我們，我們也必以寬宥他們做為回報。

朋友知道我們的難處和陰影，陪伴我們的脆弱多過於我們的勝利，在勝利裡的我們還誤以為自己不需要朋友。真實友誼的背後是祝福，我們藉由理解和寬容一次又一次重新發現友誼的本質。所有友誼無分長短，都奠基於相互持續的寬恕。若沒有容忍和仁慈，所有友誼都會死去。

經過多年的密切友誼，我們總會看見對方的陰影，還有自己的陰影。為了維繫友誼，我們務必了解對方，了解他們的困難，甚至了解他們的罪過，並且鼓勵他們變成最好的自己，至於方法不是批評，而是指出他們更好的部分，指出他們最具優勢的轉變，從而巧妙防止他們變得渺小和狹窄，變得不像他們自己。從真正朋友的角度來看，我們比日常舉止來得更寬廣。藉由別人的角度，我們更明白自己的特質，一個我們嚮往的方向，一個他們最相信的部分。友誼是不斷變動的理解的邊界，理解自己，理解他人，理解尚未實現卻可能成真的未來。

友誼能暗中轉變所有關係，例如轉變觸礁的婚姻，將職場上的仇敵變得可親，讓心碎和單戀變得有意義，讓親子得以發展出成熟的關係。

友誼的變化幾乎總被低估，朋友的減少是生活深陷問題的徵兆，也許過度忙於工作，也許太過強調職場上的身分，也許是在武裝的個性與脆弱受到打擊時，忘了身邊還有誰。

從朋友的角度來看，我們尤其學到做人至少不能太無趣。我們若變得乏善可陳，失去對世界和他人的好奇，這時友誼就會失去生氣和歡快。無趣是友誼的第二殺手。

此外，經過時日推移的種種驚奇，我們將體認到另一種更廣大的關係，獨立於**人類**情誼之外的關係：學會跟大地和天空做朋友，跟地平線和季節做朋友，甚至跟冬天的消亡做朋友，在此忠誠的基礎下，從而走上艱難的道路，跟自己的離去做朋友。

友誼超越消亡，深厚的友誼在死後依然延續，只是有一方不在了而已，情誼仍在內心安靜的對話裡日益醇厚。

不過撇開真摯友愛和長久情誼的療效，友誼最終的試金石並不是自己或別人變好，而是**見證**，是被別人看見的殊榮，也是看見別人的殊榮，陪伴過他們一遭，相信過他們，或有時只是與他們短暫走過一段不可能獨自走的路程。

17

天分

Genius

發揮天分是

活出身體與世界之間的對話。

天分已經為我們所有。天分這個詞最好是從古代的原意來理解，拉丁文的「Genius Loci」是指「地方的**精神**（spirit）」，天分（genius）這個詞是在描述一地背後的質地，是一種匯集，比如空氣、土地和樹木，或許還有山丘、峭壁、溪流或橋梁，是一地各個關鍵要素的對話，有這些關鍵要素才成其地景。或許是拂過肌膚的微風，或許是溪水清冽的氣息，或許是山嶺，或許是那處地方的天空。世上許多地方都有峭壁、溪流或橋梁，卻擁有各自特定的精神或個性，氛圍不同，天氣相異。

一個地點有特定的經緯度，有特定的風、氣味和植物色澤，有朝陽在冷冽清晨的特定照射角度，是特定要素的匯合，在地球上獨一無二，僅此一處別無分號。同理，人的天分存在於身體的地景，存在於跟世界的對話。

人體是活生生的地景，居於身體裡的精神和自我亦然。發揮個人的天分，就是自在地居於交叉口，人生的所有要素在此匯集，我們繼承的一切在此相會。我們可以把自己想像成造好的地景，各項繼承的融匯。每個人都有繼承自先祖的特質，有我們的地景，有我們的語言，底下是半隱半現的地質：記憶、傷痕、勝利，以及尚未說盡的故事。我們每個人也是變幻的季候，構成我們的不只是成長過程裡的贈禮和心碎，還有我們的祖先，以及有關他們身世的故事，在有意無意間傳承下來。

發揮天分是活出身體與世界之間的對話。天分不是一個固定的月臺，光靠實現就能抵達；而是一個交會的地方，我們自己的身體和世上其他所有身體交會，有形的和無形的。身體受風吹拂，受內在的震顫所動搖，時不時受洪水席捲和重新排列；有自己得來不易的語言，想在無序裡建立秩序，但也必須依循季節，面對自己獨特的快樂，面對自己必要的悲傷。憑直覺知道自己的未來，卻也必須與其他所有未來對話。

天分既是特定的天賦，也是尚未實現的可能性。天分不是內在的物品，帶到表面以供剝削利用；而是一個對話，來跟從，來深化，來了解，來慶祝。天分是繼承和天涯的相會，是已說、可說和未說的相會，是實際能力和神祕引力的相會。天分是理解出生時的星空，站在下方，尋找地平線上躲藏的那顆星星，那顆自己原本渾然不覺在跟從的星星。

18

給予
Giving

給予意謂著設身處地，
跳脫自己的需求，
了解別人的人生。

給予是一門很難的藝術，簡直形而上，需經練習才熟能生巧。學習給予總是很簡單，但有時單純又要給出東西的行動又令人心痛；不再給予則是替關係畫下句點。給予是存在的要素，是對人格的測試，在深入追問我們和別人的關係、和自己的關係，更妙的是，和時間本身的關係，因為所有禮物都隨收到的人逐漸成熟而改變。

如果想給予得妥切適當，需要建立如季節般的美麗和諧，一邊是我們對慷慨大方的迫切渴望，一邊是對方在驚喜之餘樂於收下。給予要慷慨而適切，充分發揮個中藝術，還有最難的是當下內心的自然動容——這始終是人類最好的特質之一。

給予並不容易，可以說是困難的，是需要長年練習和觀察才會熟能生巧的學問。給予時常會選錯東西，挑錯時機，給錯對象，得花時間嘗試以逐漸進步。給予意謂著設身處地，跳脫自己的需求，了解別人的人生，也隱隱承認我們須虛心接受不甚認同的事物，或者陌生的事物。

給予涉及的範圍很廣，指南針難以派上用場。給予涉及實際，在增進必要的人際連結和相依；但給予也涉及本質，單純因為對方是活生生的人，相識是種殊榮，他們自己就是種禮讚，有非凡能力去感謝送禮的人，感恩收到的禮物。就我們所知，唯獨人類有能力這樣充分感謝別人的心意。

給予意謂著留意送禮的對象，憑想像力創造和對方的連結，而且本身就是一種留意，向他人而非自己表達謝意。

給予的第一步也許是訂預算，也許是列清單，也許是逛店面或網路，但重點是透過思考對方、善意、理由，找到這個對象或這段關係所需求的本質。我們從中恍然大悟，於是能讓對方也恍然驚喜，對方會明白原來有人這麼懂他們。此外，藉由給予的藝術，我們甚至能發現對方自己不願承認的需求。最精湛的送禮是對方不完全覺得自己值得收到這份禮物，但又不算過頭，反而是適切的意外之喜，讓他們跨出不同的下一步。好的禮物能使對方卸下心防，得到感動，得到力量，而送禮的人也得到非比尋常的滿足。

給予是進行想像的旅程，把自己放進別人的身、心和期望裡。給予是看見別人的具體特質，從而讓我們自己在世界裡更真實。給予也是艱難的任務，要把我們的本質放進禮物裡。最好的禮物也許毫不起眼，卻因附上紙條而打動了對方；也可能奢華昂貴，令人目瞪口呆，像豁出去似地大膽表現出愛——說到底，要送得適切絕對需要點勇氣，跨出一步和對方交會，說出「我看見了你」、「很欣賞你」，並在此對未來做出隱微的許諾。無怪乎，如果只是將送禮當作雜務，虛應故事，假日在購物中心裡遊蕩物色，那可真累人，煩人，惱人，最後送出隨便的禮物，便常常像是給對方隱約的羞辱。

比較好的做法是花一段時間坐在扶手椅上，靜靜思索該送什麼，尋覓想像力的門扉，傳達出「我懂你」、「我看見了你」、「在此向你表達謝意」，最後我們也許決定送個很不賴的小飾品，也許決定寫張由衷的小卡片，說出對方在我們生命中的位置（注意：這對小朋友通常不適用！）。

老生常談之所以是老生常談，原因通常在於講得始終沒錯。重要的是心意，但更重要的是心意背後的創意，藉禮物將之化為實物，如同雙重的祝福。

19

感謝
Gratitude

感謝源自去留意，
意識到在我們以內和以外的一切。

感謝不是收到東西後的被動回應，而是源自去留意，意識到在我們以內和以外的一切。感謝不見得是發生某件事之後的傳達，而是某種深沉與當下的留意，展現出我們了解生命美好的本質，甚至我們就等同生命美好的本質。

感謝是明白數百萬個事物匯聚在一起，生活在一起，交織在一起，呼吸在一起，生命是禮讚，身而為人是殊榮，我們屬於這世界而非屬於空無，是個奇蹟。即使一時痛苦或絕望，我們仍居於活生生的世界，有真實的臉孔，有真實的聲音，有真實的歡笑，有藍色，有綠色的沃野，有清新的寒風，有黃褐的冬景。

看見藍色本質上的完滿與奇蹟，就是抱持感謝，但也不必言謝。充分看見女兒臉龐的美麗，也是全然感激，但不必特地謝天。和三五好友或陌生人同坐，聽到眾聲喧嘩，聽到奇思妙想，

Gratitude

直覺感受表面底下的人生，同時踏進許多不同的世界，以一人之姿處在眾人之間，因此不必說隻字片語就在與彼此對話，更加活在當下，自然而然感謝一切同時發生在我們之內和之外，我們同時既在參與也在見證。

最大的感謝是對存在的感謝，透過參與和見證得以成就。我們跟別人同桌共坐，成為其他人世界的一部分，也輕鬆自然地成就自己的世界，這是非凡的禮讚，這是感謝的本質，看見生命禮讚的核心。我們的存在和別人的存在交會，感謝於焉而生。相較之下，不感謝也許只意謂著不留意。

20

大地
Ground

大地是足下活生生的地基，
在告訴我們：我們是什麼、
我們在哪裡、我們處在哪個季節。

大地在我們的腳下，是我們站的地方，是承認的狀態，無論是否希望，大地都是我們的歸屬，給予支撐，給予支持；但同時也是我們不願為真的所在，從身心挑戰我們，不顧我們的期盼和需要。大地是足下活生生的地基，在告訴我們：我們是什麼、我們在哪裡、我們處在哪個季節，還有——無論我們大致上怎麼希望——我們身體裡即將發生什麼事情、世界即將發生什麼事情，或身體和世界之間的對話即將發生什麼事情。

腳踏實地是在各種環境中找到一個家，在處於這些環境下的我們身體裡找到一個家，最重要的是面對現實，無論再艱難都要面對。腳踏實地是展開勇敢的對話，一腳踏入艱難，從這第一步開始走過所有艱難，找到始終在我們腳下的支持和地基：一個踏上腳步的地方、立足的地方，以及跨出下一步的地方。

21

鬧鬼

Haunted

我們可以不再害怕，
方法是把從來不屬於我們的東西給出去，
好好出席我們的人生。

鬧鬼這字眼代表尚未解決的平行線，稱不上存在的存在，至今還無法言說的造訪——也象徵著對化為肉身的渴望，無法承受的欠缺，在這個世界或下個世界找不到居所，某人或某事物走過我們房子的走廊，走過我們內心的走廊，尋找有什麼能幫助他們安息。

糾纏著我們的總是在尋求自身消失的事物，想完全地成為自己然後離開。如果我們一直覺得被糾纏，我們自己會開始變得像鬼魂，急切遊蕩，卻不太知道要什麼，鏡中的臉逐漸不像自己。我們走著，卻不像確實存在於這個我們造訪的世界，彷彿是萬聖節模仿的妖魔鬼怪，遊蕩於大街小巷，正在無法定居的世界尋找居所，向屋主要求禮物。驅逐不請自來的鬼魂，是讓世界恢復一貫，是對回家的邀請，為它和我們找到回去之路，不再不得安寧，不再打擾別人，或是三更半夜在別人家裡遊蕩。

當我們不再害怕把那些說不得的事物當作真實，就能不再被糾纏，重點尤其在於我們對過去的理解，在於我們弄錯的東西，在於把我們弄錯的東西，在於我們沒有幫助到的東西。我們靠寬恕自己來變得真實，而寬恕自己靠的是改變行為的基本模式，尤其是改變我們對待自己傷害過之事物的行為。對鬼魂的恐懼，或對自己鬧鬼之心的恐懼，反映了我們在這世上的缺席。我們可以不再害怕，方法是把從來不屬於我們的東西給出去，好好出席我們的人生，好好按照本來面貌活在我們的人生。即使是面對被我們從想法中驅離而無家可歸的事物，依然要這麼做，即使不知道通往自己的路，依然要這麼做。當我們跟先前無法面對的事物做朋友，一度糾纏的事物就會轉變，變得隱形，變成朝向未來揮動的手。

若我們去契合那些呼喚我們的事物，則能驅離不相合的事物；若我們給出禮物，而不是等著收到禮物，我們將變得真實且可見。我們讓心裡那些渴望從隱形化為有形的事物開始發出聲音，開始變得真實，開始具有生命，則我們能彷彿初次從人生中醒來一般，讓先前無家的事物得以安息與安眠。

22

心碎
Heartbreak

緊密擁抱「渴望」的本質，
擁抱「失去」的本質。

心碎是無法避免的。我們在乎某些無法掌控的人事物，喜愛某些必然從眼前消失的人，自然有一天會心碎。即便是最長久的婚姻，在維繫相處的過程中，也經歷過許多次屬於他們的心碎。

當我們必須放手，卻無法放手，心就開始碎了。換言之，心碎是每天每天的事情，不是一時的災禍，而是連尋常時日都得走過的道路。心碎象徵真心：對戀情的真心，對此生志業的真心，學習樂器的真心，想變得更慷慨寬宏的真心。心碎是愛情當中美麗的無助，象徵精神上百感交集的斷然放手。心碎自有占據時間的方式，有來也有去，美麗而磨人。

心碎是成熟的方式，但我們總把這個詞用得像是事情出錯了才會心碎，比如：單戀、夢碎或孩子早夭。我們希望能避免心碎，能防範心碎，讓心碎像一條只要謹慎留意就能繞開的裂縫。

我們希望找出落腳的方式，讓生命裡的強大力量對我們無計可施，避開人類自古以來無從避免的損失和失落。然而心碎也許是人生在世的本質，是走過人生之路的本質，是在這一遭人生路上找到深切在乎之事的本質。

成年後想避開心碎，是一種美麗而諷刺的孩子氣。心碎避無可避，逃無可逃，就像呼吸，是人生路的一部分，是每個真誠走過的人生一部分，也許沒有血淋淋的心碎就不是真實人生；甚至可以說，無論我們在人生當中選擇哪條路，總得經歷過「心」的破碎，然後放下。

從實際生理來說，每顆心最終都會破碎，要不就是心臟受損直接導致死亡，要不就是身體其他部位先放棄了，無法再維持穩定的心搏；但從比喻和心理的角度來說，心也會碎，幾乎沒有哪一條人生路不通往心碎。無論是結婚或山盟海誓，無論再堅貞深摯的感情，總有心碎的時候。如前所述，再成功的婚姻，心往往仍會破碎幾次，兩人才能繼續相守下去；為人父母，無論對孩子的愛再真摯，總有些對孩子的期盼會破碎；一份好工作，即使認真以待，仍時常奪走我們的一切並留下空缺；說到底，即使再自我疼惜的人，再自省的人，只要活得真摯，最終必會遇到存在性的失望。

我們明白心碎無從避免，可以不把心碎當成路的盡頭，不把心碎當成希望的告終，而是當成在緊密擁抱「渴望」的本質，擁抱「失去」的本質。心碎是人生底下的基因，也許隱而未現，我們感覺不到，卻往外勾勒出人生的面貌。心碎也使我們在經歷的悲傷裡真正落下足步，或許以所剩的心播下種子，或許欣賞曾努力打造卻已淪為廢墟的美好。

如果心碎避無可避，也許是要我們把它找出來，跟它做朋友，當成常伴左右的益友，甚至事後從種種深切的影響來看，把心碎當成其本身的報償。心碎要我們不要找別條路，因為根本沒有別條路。心碎是對我們心中所愛的介紹，是逃無可逃但往往美麗的提問，一路相伴如此之久，叫我們準備放下我們抓住事物的方式，準備好對一切終極地放手。

23

幫助

Help

我們不僅永遠需要幫助，
還得在人生每一關卡練習尋求不同的幫助。

幫助是我們想要排拒的，而這很詭異，彷彿外來的幫助會模糊個人的努力，彷彿我們無法面對自己需多少外援才能繼續走下去。我們生來需要幫助，從小到大一路受照顧，即使長大成人後再英明能幹，仍要依靠別人才能更成功，才能更實現人生的可能性。連最孤僻的作家都需要讀者，最馬基維利的匪徒都需要信任的部下，最獨立自主的候選人都需要選民。

我們不僅永遠需要幫助，還得在人生每一關卡練習尋求不同的幫助。放眼各個人生階段，我們在特定時刻，需要以特定方式，尋求特定協助。連在人生最後階段，我們是否能死得其所，是否能有尊嚴地走，仍有賴於別人幫助我們的意願，而這涉及先前我們對他們的幫助。簡言之，每到新階段都得尋求對的幫助。

臨盆前需要尋求幫助，像是產房、醫生、助產士、丈夫或伴侶、迎接孩子的小床，還有份能養家的工作。新生兒需要無止境的幫助，包括喝母奶、洗澡、換尿布、換衣服、夜裡抱著走動，以及許多食物和逗弄。

新生兒的家長需要另一種幫助：他們自己爸媽的幫助、其他家長的幫助、小孩的玩伴，有時需要很多紅酒，總是需要大量睡眠。他們也需要新觀點，對雙方下一階段關係的想像。浪漫生活暫停，雜務淩駕一切，雙手抱滿東西，但兩人的關係需要援手。

但無論我們是否為人父母，總是必須一直尋求兩種慷慨協助，在人生各階段皆然：有形的協助，無形的協助。有形的協助大多很實際，甚至是交易性的幫助，如支付食宿，花錢請人替我們工作。然而也許第二種難以認清的無形協助，更是踏入未知的關鍵。雖然我們能照老方法，把無形的協助歸諸天使神明或平行世界之手，但也能從日常實際的觀點來看：無形的協助，乃是自己尚不知所需的協助。我們總是還沒準備好要接受無形的協助，所能做的只有準備自己，等著驚訝，留意即將從理解的邊界以外而來的動靜。

我們從呱呱墜地的第一天開始就非常需要幫助，一輩子逃不開。嬰兒時期的小小身軀需要很多幫助，兒童時期繼續需要幫助，青少年時期需要大量情緒上的幫助和好運，之後這種對幫助的需求變得比較幽微，彷彿我們突然間獨立自主，昂首立於天地間，知道各種問題的答案，但這只是錯覺。

也許，知道自己需要幫助、知道需要幫助的方面，以及最重要的是知道尋求幫助的方法——這些是讓我們邁向人生一個個新階段的重要關鍵。如果我們不知道自己在特定人生關卡前需要哪種幫助，如果我們無法以強悍的脆弱尋求那種幫助，也就無法跨過關卡到人生的下一階段，我們便無法生養自己。

尋求有形或無形的幫助，尋求正確的幫助，明白人生就是需要幫助，明白自己值得這些幫助——這些也許讓自己有脫胎換骨的力量。我們最脆弱的部分是需要幫助，我們務必通過這一道門，才能迎向人生的下一片天地。

最後則回歸最初，古人眼中的那道門通往終極的未知，隱形的聲音想幫助我們面對自己的死去，援手伸來幫助我們跨越界線，一條跟出生時所越過同樣神祕的界線。

24

躲藏

Hiding

妥善躲藏是為了日後破繭而出。

躲藏是活下去的方法，讓我們能撐住自己，等準備好再走到天光下。躲藏是在自然界隨處可見的絕佳本事：在冰天雪地中以靜謐形成保護，夏日的玫瑰縮著枝枒蓄勢待發，冬眠的野熊護著胸中脈搏。躲藏是被低估的。我們藏在母親的子宮裡，等準備好再呱呱墜地，如果太早來到世上，就得立刻接受醫護人員的照顧。

妥善躲藏是為了日後破繭而出，例如胚胎，例如孩童，例如蓄勢待發的成人擺脫妄加的虛名，避免受虛名所禁錮。

我們活在一個靈魂分裂的時代，一個揭露的時代，我們的想法、想像和渴望見光得太多，見光得太早，見光得太頻繁，我們最好的特質過早擠進橫流的世界，種種外在概念壓抑我們對自己和他人的感覺。所有真實幾乎在一開始都隱藏起來，不想被我們誤以為懂得的那部分內心給了解。我們內在珍貴的部分，並不希望被這種降低其存在的心了解。

躲藏是免於他人誤解的自由之舉，面對政府和企業的壓迫時尤其如此，他們試圖鎖定我們，監視我們，讓我們無處可躲，於是我們面臨到絕對的追蹤，絕對的監視，絕對的掌控。躲藏有點是為了獨立自主，自外於他人，自外於我們對自己的誤解，自外於一種錯誤的壓迫概念——這概念想讓我們澈底安全，澈底受照料，也就澈底被管控。躲藏是面對外在干擾和控制時，有創意且美麗的必要顛覆之舉。躲藏把生命留給自身，變得更像自身。如果我們想迎向妥當未來的光輝，躲藏就是激進卻必要的獨立。

25

誠實
Honesty

誠實不在於說出真相，
而在於明白我們對坦承是多麼深深恐懼。

誠實要通過悲傷和失去之門才能到達。我們進不去自己的內心、記憶或身體的哪裡，那裡就是我們無法對別人、世界或自己坦然以告的地方。所有有意識和無意識的欺瞞，都源自對失去不同形式的害怕，我們都害怕各種形式的失去，有時滿心掛念消失的可能性，所以離欺瞞只有一步之遙。每個人都住在一扇揭露的門邊，害怕經過。誠實存在於明白我們有多麼不願聽見真相。

說出真相的能力就像能說出站在這扇門邊的驚恐感覺，畢竟誠實就是真正走過去，在精神上成為美麗耀眼的戰士，昂然代表所有我們想成為的樣子。誠實不是說出某個根本的事實，從而獲得超越生命、他人或自己的力量，誠實是朝未知說出脆弱的存在，承認我們是多麼無力，承認我們是多麼無知，承認我們是多麼害怕不懂，承認我們面對再平凡人生皆有的失去是多麼驚恐。

誠實立基於謙遜，存在於羞辱，還有承認我們確切無力的所在。誠實不在於說出真相，而在於明白我們對坦承是多麼深深恐懼。要做到誠實，其實是要完全居於無力之中。誠實容許我們不懂。我們不知道整個故事，不知道自己處在故事的哪裡，不知道錯的是誰，不知道最終誰會承擔責備。誠實不是讓失去和心碎遠離的武器，而是從外面診斷我們是否有能力立足於現實，在最難抵達的地方，在我們真正居止的地方，在那一條活生生的前線，那一條無法真正選擇得到或失去的前線。

26

喜悅

Joy

若說喜悅是一種很深的愛，
它同時也是對鮮明片刻的參與，
把所愛事物的瞬息存在當作禮物。

喜悅是深層意向和自我忘卻的交會，是身體的鍊金魔法，讓我們的內在和先前看似是外在之物（而現在不外也不內）的這兩邊融合，變成活動的邊線，變成在我們和世界之間說話的聲音，例如：舞蹈、歡笑、喜愛、肌膚之親、車上的歌唱、廚房裡的音樂，以及女兒無可取代的安靜陪伴。我們處於邊界醉人的美麗裡，一邊是我們先前認為是自己的部分，一邊是我們先前認為是他者的部分。

喜悅可以來自歷盡艱辛的勝利，也可以從天上掉下來。喜悅是衡量我們與死之間的關係，是衡量我們相應於死的生。喜悅是在需要之前就先給出自己，或是受請託時給出自己；喜悅是慷慨的實踐。

若說喜悅是一種很深的愛，它同時也是對鮮明片刻的參與，把所愛事物的瞬息存在當作禮物。這類在人生裡來來去去，且永不重來的事物，諸如臉孔、聲音、記憶、第一個春日的香氣、冬天的柴火，還有父母臨終前最後的一口氣，這類事物創造出美麗而稀罕的邊線，一邊是美好的存在，一邊是盛開的不在。

完全的喜悅來自完全的慷慨。喜悅來自走過害怕的門扉，擺脫焦慮擔憂的自己，就像感激地擺脫死亡本身，一個消失，一個放手。喜悅是聽見友誼的笑聲，是脆弱的快樂忽然如同力量、撫慰和泉源，是在鮮活對話裡宣示我們的位置，是擁有面對山嶺或天空的全然殊榮，是面對熟悉摯愛的臉龐——我在這裡，你在這裡，我們一起攜手創造這個世界。

27

寂寞
Loneliness

人類生來渴望歸屬，
寂寞是在品嘗促成歸屬的這份本質。

寂寞是通往不特定欲望的門口。寂寞的身體之痛是第一步，去了解我們和真正的友誼離得多遠，和適合的工作離得多遠，和長久追求的愛離得多遠。寂寞可以是監獄，我們在裡面望著自己無法涉足的世界。寂寞可以是身體的痛，是艱難的苦修，但充分處於寂寞也成為一個聲音，呼喚著未知的美好人事物——我們想擁有的人事物。

寂寞促成持續呼喚的勇氣。充分處於寂寞之中，可以經歷其本身美麗的翻轉，在完滿中成為遠方答覆的地平線。

拉大眼界來看，寂寞是殊榮。只有人類能感到寂寞，其他動物都沒辦法，而這份寂寞由想法和想像變得更強烈。動物可能出於本能感到寂寞，自然而然樂於找其他同類一起行動，但也許唯有人類能說出、想像或要求某個自認錯失的生活。

寂寞是歸屬的基礎，把我們吸引向家庭，在寂寞的隔絕裡具有本質的美麗，伸出尋求相守的手。充分感受寂寞是讓自己了解孤獨的本質，與寂寞為友是讓自己打下邀約別人的基礎，感覺寂寞是面對無從挽救與敘說的單獨，但這單獨能親吻，能對話，能立下誓言，能打造共同的生活。在世界或社群裡，這必要的單獨透過視野、想法與願景，與他人攜手組成社會。

寂寞不是概念，而是源自於身體，憑藉肢體接觸，憑藉對話交談，憑藉頭腦和想像，想靠近甚至加入其他身體。

寂寞讓我們真正留意別人而非自己的聲音，從別人身上發現治癒的力量。電子郵件的隻字片語就能給予療癒，增添勇氣，感覺受到歡迎，替最孤絕的自我打氣。人類生來渴望歸屬，寂寞是在品嘗促成歸屬的這份本質。而原來門扉比我們所想得更近。我有寂寞，因此我有歸屬。

28

渴望

Longing

渴望無非是有危險的鋒刃，
割傷我們，
卻也讓我們自由。

渴望是孤單的變形，是內在毫無防備的祕密核心，接收遲來的邀約——來自月亮、星星、夜裡的地平線，以及生命和愛的潮湧。渴望是崇高的不滿足，是忍無可忍地發現一個實際的門口，感到敬畏、驚嚇、大膽、屈辱和召喚，讓我們成為漂泊的靈魂，從身體中間的道路出發，往外而去，彷彿受到邀約，而那渴望就像流星的尾巴，片刻間閃過，卻讓我們願意放棄完美的住家和積聚的財物。

渴望是從透鏡感覺到，甚至是從身體的痛裡感覺到，把地平線放大並拉近，彷彿那地平線既是一生的旅程，又深埋在某個未知的核心——彷彿我們回到家，進入熟悉而凝鍊的美麗陌生。

在浪漫愛情的渴望下，身體彷彿借給別人，從遠方被接管了感官——我們不再認識自己。

渴望是要求美麗而明智的羞辱，要求自我的貶低，特別的是，要求放棄內在核心的控制，卻得到周圍嶄新的凝視目光。堅固的核心身分被刺穿了，受傷了，衝擊了，孤零零面對自己的未來，彷彿在浪上漂流：像摩西在搖籃裡沿著尼羅河邊的蘆葦叢漂流，像小孩在驚慌亂竄的人群裡走失，有時像小動物猛被老鷹攫住抓上天空。

渴望有自己的祕密，有自己未來的目的地，從內在時而浮現，瓜熟蒂落，在我們身體裡長大的種子。我們彷彿被放進內在一個很遠的地方，回溯某個未知的根源，那祕密的時機毫不在乎我們的意願，但同時也給我們親密的靠近，靠近愛人，靠近未來，靠近蛻變，靠近想要的人生，靠近周圍美麗的天空和大地。

渴望無非是有危險的鋒刃，割傷我們，卻也讓我們自由，向我們呼喚，原因恰是人類需要對的危險。基本的直覺是，人生在世就是為了冒險，在呼喚他者，要奮不顧身去追尋對的事情、對的女人或男人、對的兒子或女兒、對的工作，或得來不易的禮物。在渴望下，我們從某個已知但心不在焉的地方，前往美麗且即將抵達的某人、某事或某物，想讓這些成為我們「自己的」。

29

成熟
Maturity

成熟是一種能力，
要在許多種脈絡裡同樣澈底地去活。

成熟是一種能力，要在許多種脈絡裡同樣澈底地去活，尤其無論悲傷或失落都要勇敢地同時活在過去、現在和未來。成熟的智慧是堅決拒絕從下面三個形塑身分的強大關鍵裡做選擇：過去發生了什麼、現在正發生什麼，以及未來將發生什麼。

不成熟展現在做出錯誤的選擇，例如只活在過去，只活在現在，或只活在未來，甚至包括只同時活在三者中的兩者。

成熟不是到了就到了的靜止平臺，不是從智慧安逸的綠洲冷靜觀看生命，而是變動的邊界，處於已發生與正在發生的結果之間，先是想像，然後化為等候的未來。

成熟是拆掉根本的邊界，在人生不同時期之間，在生與死之間，在兩個自我之間，一邊是頂天立地的好公民，一邊是帶來傷害與破壞的自我，那陰暗無助的自我。成熟是當這些力量潮湧聚滙，沖破人生，在懊悔、自憐與原宥之間，遽然改變行為與未來，真正的成熟得依靠真正的沉默，依靠每日的默然寬大，依靠根本的放手。成熟是放棄與放手，看剩下什麼，看何謂真實。

成熟跟不成熟一樣常叫我們冒險，成熟卻是為了更遠大的想像、更寬廣的地平線，把內在品質充分往外實現，而不是為小利把自己變小，甚至為勝利把自己變小。

不成熟總在招手，給予虛假的天堂，給予虛假的安全，也許是過去的躲藏處所，或是現在的虛假隔絕，或是未來的虛妄預測。然而成熟也會招手，要我們變得更大，變得更強，變得更靈活，變得更開放，變得更多元，彷彿一場鮮活生動的直覺對話，一邊是我們有幸繼承的故事，另一邊則是赫然將發生的故事——如果我們夠大、夠廣、夠靈活，甚至夠處於當下的話。

30

記憶

Memory

記憶是一個邀請，邀往人生的根源，
邀往對現在更完全的參與，
邀往即將發生的未來。

記憶並不只是**當時**，而是回想為**現在**。過去從來不只是過去，記憶是通過所有生命的脈搏，是一道波，一個**當時**持續變成其他**當時**，同時創造出持續但幾乎無法觸及的**現在**。當前的主流思想呼籲要只活在當下，但這誤解了存在的多層次繼承，即所有時代皆平行活著並呼吸著。

無論是宇宙最初幾顆氫原子掀起的新紀元，一個成年人在青少年時期初瞥的一眼，還是懷中抱著第一個孩子的生疏身體的回憶，記憶都像是音樂的聲波般從個人的人生通過，持續成熟，日益精妙，時常變幻，時而猛烈。每個人都有這個強大的繼承脈搏，持守著，然後超載——依照我們在不可觸的現在繼承身分的方式。記憶是一個邀請，邀往人生的根源，邀往對現在更完全的參與，邀往即將發生的未來，但最終是邀往三者同時並存的邊界。記憶使**現在**完全地適宜居住。

人類的記憶很巧妙，首先是透過經歷創造出來，接著是根據先前初次決定要記得時的那個自我來放進腦裡，接著是往前放射的效應，接著是所有未來可能的結果，一切在相同時間發生，並且能夠跟隨記得的人一起改變。記憶其實是會動的起點，是選擇、決定和想像的地方，是路口，未來在這裡分岔，依照我們怎麼解讀所繼承的故事來決定去向，或更準確地說，依照我們怎麼活出所繼承的故事來決定去向。

面對把我們帶到此處的波浪，我們可以被壓倒、受創或退縮，甚至在記憶裡溺斃和消亡；我們可以做個繭包住自己，保護自己，被動行事；我們也可以主動擁抱各種可能性，而記憶某程度上是我們生而為人所抱持的對話。完全居於記憶使人更有意識，連接過往、現在和將來。若被阿茲海默症或中風奪去了記憶，我們就失去了自我。記憶連接著個人的自由。

透過完全的繼承，我們明白記憶會創造未來發生的事，影響未來發生的事，這倒跟我們時常死板稱為「過去」的東西關係不大。回想一下，古希臘人把記憶視為九位謬思女神的母親，意思是在古希臘人眼中，這九個至今仍受個人和社會崇尚的創意形式，乃是誕生於記憶的子宮和身體。

31

命名
Naming

最難的藝術是去愛，
而不加以命名。

命名為「愛」的決定若下得太早，雖然美麗，卻也會帶來痛苦和艱難。多數心碎來自於，在脆弱的發現之旅上，太早就試圖替所愛的人事物命名，替愛的方式命名。

我們剛開始把自己獻給某個人、工作、婚姻或理想時，無法確切知道那是怎樣的愛。在完全搞清楚前就要求特定回報，難免會失望難過，覺得最初過於具體的期望沒有達到，結果把愛錯失了。我們以為自己是對愛失望的人，懷著幾近驕傲的失望，沒發現這只是提出一個困難的邀約，要求對方回應我們深切卻不明的感情。

愛的行動本身，總會變成謙遜的學習之路，不僅是在艱難中發現另一種美麗的謙遜和屈尊，而且奇妙的是，我們還得面對其各形各色的驚人形式，往往不得不在許多方面一直讓步，卻不知道會在何時、以何種方式，獲得如何的神祕回報。

命名主要是為了控制，但值得愛的對象並不想被過於狹窄的名字所局限。在我們能回應之前，在我們能說出正確字句或理解情況之前，愛已經以許多方式替我們命名了：最難的藝術是去愛，而不加以命名。

32

懷舊

Nostalgia

懷舊告訴我們，
我們即將面對一個揭露，
打破由現有記憶建立的架構。

懷舊是從過往襲來的波浪，剛剛想起來，便將由終於接受往事的心靈和身體重新想像。懷舊顛覆了現在，為過去的某個人事物建立壓倒性的實際連結，回到我們待過的某個時空，或相伴過的人。過往和此刻相會，令我們不禁懷疑，從當時到現在之間的這些年月是否確實存在。懷舊可以感覺像是沉溺，一種相思病，被排山倒海的力量壓倒，但奇妙的是，這股力量其實始終常伴在我們左右，住在我們身體裡頭。

但懷舊不是沉溺。懷舊告訴我們，我們即將面對一個揭露，打破由現有記憶建立的架構——某個事物先前我們自以為了解，但現在即將充分了解；某個事物經歷過，但沒有充分經歷過，改觀不是來自未來而是來自過往；某個事物先前就重要，但比我們想的更重要；某個事物現在要再次經歷，深度一如當年，只是那時我們不願領會。

懷舊不是沉浸在過去，而是首次宣告我們所知的過往即將迎向終點。

33

疼痛

Pain

疼痛告訴我們，

我們是有歸屬的，

無法永遠離群索居、獨自一人。

疼痛是通往此刻和此處的門。無論身體或內心的疼痛，都是一種終極的實在，在對我們每一個人說，你所擁有的就是這個地方，你所擁有的就是這個身體，你的四肢、關節、折磨、刺痛或心碎都真確而實在，無法逃離。疼痛在叫我們痊癒，方法是把注意力不僅放在發痛的地方，還要放在發痛的方式。疼痛是一種警覺，是一種獨特。疼痛是一個入口。

當劇痛一陣陣襲來，我們再次認識時空的實質，再次認識存在本身。當劇痛襲來，我們只有力氣做全心想做的事，只能做出實際上或比喻上的一點點動作，例如綁鞋帶，例如和所愛的人對話，相互加深的對話。疼痛教我們良好的節約，在動作上，在情感上，在對自己的要求上，最終還有對別人的要求上。

疼痛帶來美麗的貶低，自然使我們謙虛，撇開偽裝和造作。

在真切的疼痛下，我們不得不每天學著尋求幫助。疼痛告訴我們，我們是有歸屬的，無法永遠離群索居、獨自一人。疼痛使我們明白互相的道理。在真切的疼痛下，我們時常沒什麼能回報他人，只能感謝，只能擠出也許扭曲的微笑，和伸出援手的陌生人建立短暫的友誼。疼痛讓我們看見真正的友誼，既考驗原本的舊朋友，也帶來幫助我們的新朋友。

疼痛是妥善邁向真心同理的第一步，對所有痛苦掙扎的人感同身受、將心比心。原本的道德優越感消失，不再對別人嫌東嫌西，催促別人做好這個、做好那個，而是設法看見每個人有形無形的掙扎與難題，在疼痛之下，我們突然有了理解和同理，明白為什麼別人會覺得某件事情難以做到。

奇妙的是，生理疼痛讓人把注意力放在很有限的事物上，卻反而有了更宏觀的看法，有了更多的幽默感。當目光放大，真切的痛從來都與真切的笑比鄰——為自己發笑，為旁觀的人發笑，為這種成為日常的困境和荒謬發笑。疼痛使日常生活變成戲劇，我們的身體和存在清楚站在臺上，在舞臺燈下，在別無選擇的眾目睽睽裡，這裡跛一下，那裡靠一下。

最後，疼痛是感謝。最主要是感謝平時免於疼痛的生活——這就是禮物，其他都是多得的奇蹟。其他人不知道光是身體健康就是禮物，能夠自由自在地活蹦亂跳就是禮物。疼痛是孤獨的道路，沒人能知道我們到底有多痛，但另一方面，我們藉由疼痛有可能——只是有可能——知道別人有多痛，就像經歷艱辛後方知自己有多痛。

34

平行
Parallels

談到平行，
也就是在談伴隨的可能性。

平行跟我們想的不一樣。平行只在數學意義上存在，只是個拿來使用的概念。如果一個物體在現實世界很難真正以直線移動，更遑論兩個物體以平行的直線移動。人類想像的平行世界並非跟我們這個世界一模一樣，也不是完全相反，而是變化於許多其他的向度和可能性，持續對照回應這個世界。平行的人生和原本的人生一樣無法預測，充滿變數。

我們談到平行，也就是在談伴隨的可能性，像是我們沒選擇的人生或伴侶，另一個不確定的人生在影響著現在這個確定的人生，這個習以為常的人生。我們跟著平行人生發展，就如跟著現實人生發展。隨著歲月流逝，我們跟實際選擇的路和人的關係會改變，就如跟沒選的路和人的關係會改變。很多人臨終前覺得沒選的路顯得比實際選的路真實許多，拋棄的情人比實際相守多年的丈夫或妻子真實許多。

另外還有深度的問題。我們也許選了某一條路，但不太熱中，沒有激情，沒有執著，沒有真心投入，沒有一無反顧。平行人生在表面底下等我們，像是邀約，像是責備，像從峭壁上觀看的大海，像另一個人生：也許讓我們覺得跟真實人生很貼近，激發我們壯起膽子，做出改變；或另一方面，也許離得太遠，變成恥辱的來源，一個沒有放膽實現的人生，誤會的人生，儘管時常在我們耳畔低語勸說也沒有用，那終究只是我們渴望的平行人生，不會實現。

35

朝聖

Pilgrim

在通往成熟的朝聖之旅中，有一大重點是逐漸明白人生如同一眨眼。

朝聖這個詞，還有「朝聖者」這名號，可能冠上任何人（至少暫時如此），可以準確評量他們的本質：一個路過招手的陌生人或一個路上遇到的陌生人；一個總是匆匆經過的人；在前往某處的路途上，但從來不太確定這趟的終點或路程本身是否重要的人；不太知道自己從何處來，要去往何處，許多時候也不知道下一片麵包會從哪裡來的人；得全然靠陌生人幫助，靠路人幫助的人。

朝向地平線那端的某地走去，朝聖從定義上來說近乎人們身在一個即將揭露的世界，總有事情將要發生，或被揭露，當中包括最可怕的終點——對於自身離世的排演。

在通往成熟的朝聖之旅中，有一大重點是逐漸明白人生如同一眨眼。我們擁有種種恩典，有眼睛能看，有耳朵能聽，有嘴巴能說，有雙臂能擁抱所愛的人，但這些很快會消失，人生只是白駒過隙。人這種生物是在相逢，交會，然後繼續走下去，於是人生才顯得真實；人這種生物，與人打招呼，與人道別，但奇妙的是，人從來不會定下唯一的選擇。人生是在交逢，相識，然後往前走，永遠在改變，也許變大與變強，也許從揮霍到被揮霍，從看見到半盲，從以這一個聲音說話，到聽見另一個聲音。

現實很顛撲不破的一點是人永遠在移動，這既迷人又嚇人，叫我們要從這裡移動到那裡。勇敢的人生就是不斷變動與成為，奇妙的是，靜止是唯一適當的實際準備，才能在變動裡自主。我們由變動構成，所以口中的目的地既在我們裡頭，也在我們外頭。我們感覺自己正是這一趟前往，既在成就旅程，也是早已抵達；我們既還在家裡打包行李，也早就出去一趟回來了；我們既在旅程上孑然一身，又快見到相識多年的故人。

然而若說我們總在移動、交會和相識，不動就不真實，那麼我們也是熟練的老手，總需要善用自己的技巧、經驗、聲音和存在，用於這一路上永恆的當下。我們在旅行，但又想有歸屬。我們要動，卻又有東西不動，譬如本質天性，在旅程裡給予一個人名字、聲音和個性。我們朝第一陣泡沫一躍而下，迎向寬廣的交會，在彼此的對話裡成長，一路消散在海裡。

最後的終點是脆弱和抵達，我們從不真的知道另一邊有什麼，不知道是否能以任何可辨認的形式撐過這關卡。奇妙的是，這樣一路抵達最終的關卡，正是讓我們有機會了解是誰成就了這段旅程，感謝自己能始終保有不變的本質，畫出一條自然而完整的軌跡。

這樣來看，就算我們是旅人，仍然是可靠的，有信念，有責任感，對某種無法言說的事物真誠以待。而在這趟僅此一次的驚奇旅程中，我們能抱持寶貴記憶的當時，結合熟悉卻驚奇的現在，再加上不可思議的未來，從而成為更忠誠的好友伴，實實在在的朝聖者。

36

拖延
Procrastination

拖延可能是必要的等待，
緩緩擺平主要的掙扎，
換來水到渠成。

拖延不總是表面上看起來這樣子。從表面看是拖延，是缺乏決心，但其實可能是必要的等待，緩緩擺平主要的掙扎，換來水到渠成。某方面來說，厭惡拖延的傾向就是厭惡我們和時間的關係本身，就是沒有靜候時機成熟，沒有靜待醞釀，必然掙扎的內心和想像還沒對應上實行時機，還沒瓜熟蒂落。

如果仔細探究，拖延可以是很美的事情，類似耐心，如同友伴，揭開內在已有的靈感。以作家來說，在能寫一本書之前，得先試過心中一大堆不能的寫法，凌晨四點盯著空白紙頁或臥房天花板絞盡腦汁。拖延讓我們明白自己的勉強與不願。

如果寫作過程沒有延誤、犯錯、茫然、自我質疑以致有些心碎，這作品就不足道，往往沒什麼用，瞥過幾眼就丟在一旁。好作品帶著作者創作時的掙扎，化為苦盡甘來的理解。

拖延幫助我們從自己的不情願當中學習，明白第一個熱切點子所暗藏的陰影，明白自己創作時在害怕什麼。把一個弱點放進作品裡，讓作品成為活生生的、令人滿意的整體，而不是想靠表面唬弄我們。

拖延並不會讓作品無法開花結果，真正讓我們擱筆的反而是沒有直探拖延的核心原因，沒讓真正形式的拖延引領我們如何往前，結果放棄了原創的點子。拖延是把目光放得比自己的點子更大，不願一下子就安於普通的結果，而是像雅各和天使摔跤，發覺德國詩人里爾克（Rilke）說得對：「勝利並不吸引他，他是靠決然的失敗，靠精益求精，逐漸獲致成長。」

37

後悔

Regret

徹底的後悔

讓我們把目光和注意力放到未來。

後悔這個字詞激發情緒，美中帶痛。後悔是一曲輓歌，在哀悼失去的可能性，包括稍縱即逝的可能性。你絕少聽人說他們毫無後悔，只勇敢往前看，完全無法想像另一種不同的人生。承認後悔是明白我們會犯錯，明白世上有些力量遠在我們之上。承認後悔是失去掌控，不僅是無法再掌控艱難的過去，也無法再掌控我們對現在的說詞。然而奇妙的是，持續誠心地坦承後悔是當代數一數二隱而未訴的罪過。

誠實的後悔少之又少，原因可能在於當代強調年輕人的觀點。也許真實的後悔之於年輕，確實沒有用處。等我們有得來不易的成熟，後悔才具深度，不會把人壓倒，而是讓我們和未來有更妥切適當的關係。年輕的時候，我們頂多稍微感到錯失浪潮、傷害別人或占有了不屬於自己的事物，不像更成熟的人能從悠長後悔裡變得豐富，變得大膽。

真誠的後悔其實能讓人注意未來，感到先前錯失之處的新浪潮，在孫子身旁感到自己年輕時在兒子身旁忽略了的永恆。澈底的後悔是體認到，連平凡生活都充滿風險。澈底的後悔讓我們把目光和注意力放到未來，也許能把未來活得比過去更好。

38

休息
Rest

休息是「我們喜歡做什麼」
和「我們想成為怎樣」之間的對話。

休息是「我們喜歡做什麼」和「我們想成為怎樣」之間的對話。休息是施與受的本質。休息是記住的行為，不只是想像和智性上的，也是心理和生理上的。休息是放棄筋疲力盡的意志，不再死撐活撐，不再無止境地追尋目標。休息是不再擔心，不再煩心，不再覺得世上好像有什麼事情錯了，需要靠我們撥亂反正。無論實際上或比喻上，休息是從外在的目標往後退回來，而且不是換成內在某個靜止的靶心，一動也不動的想像狀態，而是換成自然交流的內在狀態。

這個自然交流是源自呼吸，自主的吸氣和吐氣，構成生命的基礎與樣貌。我們休息的時候，裡面和外面在交流，而且在進行有意思的對話，一邊是天馬行空的想像，一邊是付諸實行的機會。我們休息的時候，把事情放在一邊，把自己放在一邊，做最擅長的事情，按身體的節奏呼吸，按該走的方式走路，按房子和家的韻律來生活，在打掃煮飯之際吸氣和吐氣，自然而然，於是最接近真實的自己，最接近好好休息的自己。休息不是自我沉溺，而是替充分發揮自己做準備，還有最重要的是，來到一個知道自己已經獲得什麼的地方。

休息的第一個狀態是停下來，放下正在做的事情，放下當下的自己。第二個狀態是緩緩回家，回歸沒受逼迫和欺負的身體，彷彿試著回想方向或甚至目的地。第三個狀態是治癒，是自我寬恕，是抵達。第四個狀態是深深地吸氣和吐氣，是給予和獲得，是祝福和受祝福，為兩者都感到開心。第五階段是完全地就緒和存在，為世界的一切所欣喜，參與其中，內在和外在交會，獲得與回應同生。

深切休息是想像力的充分完成，一面感受到我們外在不同形式具體的工作和關係，一面由呼吸本身這個禮讚獲得滋養。由這來看，我們可以邊休息邊為一群即將到來的客人備好精緻餐點，可以邊休息邊攀登最高的山，可以邊休息邊被家中鬧哄哄的親愛家人們圍繞。

我們休息好，準備迎向世界，而不是縛於世界。我們休息好，再次在乎對的人事物。在休息中，我們重新立下目標，那就是要更慷慨大方，更勇敢大膽，更像一則邀請，成為我們想記得的人，成為別人也想記得的人。

39

強悍

Robustness

強悍是一種信念，
相信自己能挺過激烈的交鋒。

強悍這個詞意謂著身心的健康，精力充沛地面對世界，展現力量，在實際上或想像上昂然立於其他強悍的人事物面前。強悍是承認在我們之外豐沛的激流。強悍是處在對話的前線，例如拳擊比賽的肢體對話、教室裡的想法交鋒，或廚房裡的伴侶爭執。如果少了強悍，所有關係是由脆弱所定義，會枯萎，開始死亡。強悍是把目標放在超越我們自身之外，超脫自己的想法，超越自身自私的邊界。強悍或脆弱是一體的。強悍是願意連帶受傷，忍受一時的疼痛、噪音和混亂，忍受自身系統一時的失效。強悍是可以從邊界往外偏離，但仍穩穩持守不移的目標。強悍是養育子女的本質，對孩子和教養觀念都是。

強悍的回應總可能面臨羞辱，但強悍是一種信念，相信自己能挺過激烈的交鋒，雖然也許是以不熟悉的方式。

不強悍意謂著身心的不健康，可能會自行每況愈下。我們跟自己的身體、節奏或生活方式以外的事物接觸愈少，愈可能害怕邊界以外，那些有實際噪音、交會或改變的地方。重新出去和外界接觸是走出孤絕，走出悲傷，走出病痛，走出當初害我們作繭自縛與故步自封的創傷或力量。重新強悍是擺脫不冒險的藉口，在對外的交鋒中感到自己有勁地活著。

奇妙的是，強悍叫我們在紛亂中找到平靜。出於平靜，我們在喧囂中歡欣，在不義中公平，在攻擊中鎮定。我們也在這份平靜中找到深切在場的基礎，得以在各形各色的多重脈絡裡對話，對現實採取各形各色的觀點，像經歷吵吵鬧鬧且快樂開心的大家庭，有歡快的針鋒相對和尖叫甩門，尋求和平與安靜的時間，接著再迎向下一場爭吵。當我們的外在陷入爭執，內在務必找到另一種形式的在場，另一種強悍將帶領我們走過。多數人生不得不強悍，若選擇軟弱便如同隱形。

40

羅馬
Rome

無論我們想留下什麼成就的紀念碑，
其實都不知道別人會以什麼觀點看待，
會怎麼記得我們。

羅馬是永恆的，前提為消亡是永恆的——八月下午的豔陽烘烤這座城市，鮮活證明一切無法以最初建造或理解的形式永存。在銜接夜晚的暮光中，古羅馬廣場和羅馬競技場變成剪影，一重掩著一重，而遙遠天邊另一頭，聖彼得大教堂的圓頂由最後的餘暉照亮，夕陽沉進這座永遠活在過往最後一道餘暉的城市。在羅馬，我們只能從即將的逝去裡進入現在。

羅馬是以每個瞬息的現在，對過往的一系列解讀。這是座壯觀的城，壯盛的城，帝國的城，梵諦岡和競技場具現為精神的唯物主義，有過各自光輝的時刻，然後逝去，或者是即將逝去。在這裡，人類的種種想法和功績展現到極致，淪為美麗的遺蹟。

凱薩大帝雕像站在酷熱的石板街頭，頂天立地，大理石的手指著未來，一個永遠不會發生的未來，也從來不曾發生的未來，而這座永恆之城其實最能凸顯人類對一切功績的虛妄。現在的想像，現在的夢寐以求，永遠不會如我們所希望的實現。事物最美麗的一面就是飽經風霜，歷盡滄桑，氧化出綠鏽，登場與消逝。人生的恆常其實在於日常對話，在我們抽象欲望的紀念碑的陰影底下。

俯瞰這座幸好並不永恆的漸暗城市，有幸走在這麼多過往未來的消亡和傾頹中，我們的現在與可能的未來展開對話，變得異樣美麗，彷彿我們太過具體的願望已經得到原諒，一切在時間的雙手裡美化了，變為令人撫慰的層次與模糊。一切都在叫我們「音量放輕」，都在說：雖然我們有處於天光下的時刻，但最好的理解——以及最貼近的自我——還是做為美麗的廢墟，在完全離開與逝去時最為真實。

我們唯有成熟才開始明白，無論我們造了什麼想法或身分的堡壘，並傲然展現給別人看，無論我們想留下什麼成就的紀念碑，其實都不知道別人會以什麼觀點看待，會怎麼記得我們。無論我們最終能不能造訪義大利，無論我們會不會走過這座帝國之城的夜晚街道，只要我們活得夠久，久到足以獲得那觀點，絕對都會在死前看見羅馬。

41

逃跑

Run Away

唯有充分了解我們的不願在場，
才能真正了解我們的在場。

逃跑是多數人許多時候想做的選擇，可能是戰鬥裡的逃跑，也可能是身體和過往裡的逃跑。逃跑能保護我們，屬於演化而來的衝動，屬於人類身體深處的生物記憶，幫助我們祖先再多活一天的本能，如今傳承給我們這些後代子孫。

想跑掉是人類的本質，把堅守換成其他選項。無論是想從婚姻、關係、工作或其他情況逃跑，都是對話本身的一部分，協助我們了解自身不願意的真實本質，讓我們對於充分展現自己遭遇的困難更加誠實。

奇妙的是，當我們有一部分的自己不想待在這裡，或者不知道如何待在這裡，這時的我們大概最是完全的人。唯有充分了解我們的不願在場，才能真正了解我們的在場。了解不想陷在工作、關係或待辦事項的那部分自己，則是了解人性，激發自我疼惜，把幽默感磨利，而這種幽默感是以慈悲眼光看待自己和他人的關鍵。

想要逃跑是一種必要，實際跑掉能在關鍵時刻保住我們的性命，但也可能極度危險不智，當面前的猛獸魁梧巨大且靈敏迅速時尤其如此，當逃跑的動作會激起追擊時尤其如此，當逃跑是失去成熟與淬鍊的良機時尤其如此。在野外，面對危險的最佳反應往往不是逃跑，而是全神貫注的警戒，先別把自己當成獵物。這樣一來，我們讓自己比想逃的那部分來得大，但也不失去對何時可能適合逃開的關注。

此外，我們很少有哪個分離的部分需要逃開。我們在內和在外有很多不同的部分與身分，不只要保護各部分一層層的自己，也要保護家庭和社群，保護小孩，保護虛弱或受傷的人，保護單純觀點不正確的人。我們之所以決定不逃跑，原因不僅在於很多跑得沒我們快的人會被拋在後頭，也在於面對可懼的來源也許能找到前進之路，找到一種更大的善，而不是逃到威脅理當不再的安全地方。

我們直覺地知道大多數時候不該逃跑，應該不顧演化需求，留下來，尋找不同的前進方式。逃跑絕少是好事，而當我們明白永遠逃不出內在對逃跑的需要，就會更智慧與澄明，更成熟與更願意在場。

42

自覺
Self-knowledge

我們不可能準確明瞭自己，愈想詳盡認識，愈適得其反。

自覺對人類來說並不全然可能。人生於此身、此心和此世，這不僅無法達到，甚至不有趣可喜。我們的內在有一半是潛能，在無法言說的黑暗裡，還沒浮現天日，而這個暗藏的自己會顛覆目前我們對自己的任何認知。

人永遠處在已知和未知的邊界，過去如此，未來亦然。把任何未知拉進已知，就是在邀相同的未知趁隙而入，重劃邊界，重申個人生命遙遠的地平線，讓我們還是自己——一條變動的邊線，一邊是我們所知道的自己，一邊是我們會變成的樣子。無論是我們真正會變成的樣子，還是我們害怕會變成的樣子，永遠凌駕我們**自認**的樣子。

期盼全然的誠實和自覺完全是妄想，就像企業培訓制度裡虛妄的用語和目標，想在組織語言不及之處發揮作用。

自覺包括一個認知：我們想了解的自己即將消失。我們能知道的是自己處在已知與未知邊界的方式、與人生對話的方式，以及在邊界惹人注目的身影，但我們不可能準確明瞭自己，愈想詳盡認識，愈適得其反。我們是更高刻度的所造，一半在懼怕自己，一半在愛我們無以名之的無限。

自覺常跟透明混為一談，但對自己的認知推進到最後，總會發覺自己是一種匯合，各種元素流動的相遇，包含世上其他數不清的自我，而不是一個可供挖掘、可供打磨成型的固定東西。自覺不是明晰，不是透明，不是知道一切運作的原理，而是一種深切的謙遜和感謝，感到所享的特權，明白我們怎麼跟世界對話，還有最重要的大概是，明白奇蹟是世上有個具體的東西而非抽象的空無，而我們是那個非常特殊的東西裡，特別的一部分。

我們稱讚一個人的誠實和透明，但那其實是謙遜，是那個人把無比的注意力放在自己、別人、生命和下一步，度得過或度不過的下一步。那個人不見得知道所有答案，但設法去了解自己和相伴走過的他人，好奇他們和社會即將變得如何。我們既不是自己所認為的自己，也不完全是即將變成的自己；不全然是個人，也不全然是群體裡的一員；而是一個成為的行動，永遠無法被錯誤形式的命名系統框住。無論我們需要什麼來立足於世界的洪流，自我真正的基礎不是自覺，而是自忘——遇見最初想知道的自我以外的事物。

43

陰影

Shadow

跟陰影常伴左右

是了解如何活在明與暗的邊界。

陰影不是獨自存在，而是實物投出的影子。我們可能會說某個人被他們的陰影擊倒——美國電影監製哈維・溫斯坦（Harvey Weinstein）被性醜聞擊倒，前美國總統尼克森（Richard Nixon）被過高的權力欲望擊倒，國家被傲慢擊倒——但陰影是被動的，是光的不在，是輪廓給予的形影。陰影的形狀來自存在，而存在先於缺少與不在。改變自己的形狀就是改變陰影的形狀。變得透明就是完全失去陰影，雖然我們常在精神層面上這樣幻想，但實際層面上做不到。比較可行的是靠改變身分的形狀，去改變身分的陰影。處在陽光下，陰影必然伴隨，卻不是核心身分，也不是伺機擊倒我們的力量。

就連最好的存在都有陰影。在神話裡，沒有陰影即代表屬於另一個世界，不是完全的人類，不在這個世界。陰影是絕對得常伴左右的，實際跟著我們到處跑，擋掉別人的陽光或視野，但我們不能拿陰影當藉口說自己不在，不去行動，不以自己的「在」來影響別人，無論那影響是否既艱難又陰暗，我們也不能拿這當藉口不去在乎別人的擔憂。

跟陰影常伴左右是了解如何活在明與暗的邊界，是走向核心的艱難，即此生不可能有澈底光明的完美。至於創造這種完美的意圖時常是一種不負責任，是成為例外，是成為不需要在場或參與的人，所以不需要傷人或被傷。不讓陰影遮到別人，就是抹去我們這個實體存在的結果。

陰影是我們這個實體美麗的反向，是對我們這個實體的確認。陰影是親密的不在，幾乎是存在的樣板，是我們外在性情的線索。陰影暗示著終極的脆弱。陰影是被別人找到，不只透過實體，也透過曾經的行為，甚至透過我們帶給別人的壞影響。陰影是不在的存在，是我們和身邊人的線索，甚至是一條線頭，通往我們尚未經歷但別人已然感到的自己。陰影沒有好或壞，只是無從擺脫。

44

羞怯
Shyness

沒有羞怯就不可能領會新事物。

羞怯是存在的走道；是門口，通往新的深沉欲望；是成熟必要的第一步，在這出乎意料的人生裡。羞怯突如其來，時常是不必要與艱難的，因而使我們畏怯。

羞怯是感覺有個巨大的未知突然要變得已知，突然變得非常個人，直指我們，彷彿我們知道該說什麼、該把自己安放在哪裡，還有以戀愛來說，該穿什麼衣服。

感到羞怯是同時看五個方向：一為面前招手的新生，一為背後的退路，一為往左的逃生路，一為往右的逃生路，一為突然完全消失的願望。羞怯是「成為」之道的第一個必要十字路口。

羞怯是剛開始迎向某個必要但駭人的新嘗試，但這方面被低估與忽略。若非羞怯，我們會過度自信，缺乏適當的困惑、笨拙和無助，也就難以找到第一階段的揭示。若非羞怯，我們無從形塑自我以獲得揭示。

視覺媒體（尤其電視）跟我們說，羞怯是不必要的，它害我們不清楚何謂真正的探險。同理，我們逛社群媒體時，很少看到對羞怯的美麗展演。然而羞怯透過我們的脆弱在說：我們終於來到神祕的面前，某個人事物的面前，某個我們深深的渴望，或某個深深渴望的代表，雖然我們現在實際上遭遇必要的無助，尚不知道如何實現。

羞怯是精細而脆弱的邊界，一邊是我們覺得可能的事物，一邊是我們自認值得的事物。

沒有羞怯就不可能領會新事物。在人生新階段，全然的自信意謂著收到錯誤資訊，將深深被誤導，自以為知道即將發生什麼事，自己又將變成什麼人。

羞怯是一個邀請，邀往特定類型的美麗，邀往既要練習又要培養的品質。羞怯是我們的朋友，在宣布我們即將走過一扇門，走過所有艱難，迎向另一個開始。

45

沉默

Silence

沉默並非靜止，

而是保留給自己的潮汐和季節變化。

沉默很可怕。沉默並非靜止，而是保留給自己的潮汐和季節變化，意謂著結束，固有身分的墓園。真正的沉默讓現有的理解蒙塵，使我們猶疑不定，離開先前充分了解與接受的現實，面臨先前未知與否決的對話。

沉默沒有消除懷疑，只是使之變得無關緊要。無論相信或不信，無論先前排練過什麼講法，都遇上樹林裡的風，遇上繁忙海港中遙遠的鳴笛，或遇上愛人困惑的凝視目光與側耳傾聽。

在沉默裡，本質對我們講著本質，要求某種單邊的繳械，而周圍防禦的盔甲分崩離析，我們自己的天性緩緩浮現。當繁忙的邊緣消解，我們開始加入對話，穿過現有未知的門，穿過強健的脆弱，從傾聽中的揭露，一隻不同的耳朵，一隻敏銳的眼睛，一個不願太早下結論的想像，屬於另一個不同的人，而不是屬於當初進入沉默的人。

從安靜裡浮現的是全然的在場，似乎要求內在與呼吸和傾聽同步，等同自身呼吸與傾聽最基本的力量。

變得深深沉默不是變得靜止，而是變得如同潮水和季節，一種來來去去，自有其無從模仿的本質性格，又像是沒有完全道出的故事，像是大海的背景，或是雨水的滴落，或是河水的川流，流到看不見盡頭，流出我們的生命。

遂己之願的現實要求全然的在場，全然的給予，同等地面對瞬間與永恆，難以觸及與全然的可能性，全然的在場與不在，休止的讓步與放棄，另一個更勇敢、更慷慨與更「這裡」的身分，勝過迫切尋找簡單答案的身分。

46

安慰
Solace

尋找安慰是學著詢問更一語中的的尖銳問題，重塑我們跟自己的身分、身體和他人之間關係的問題。

安慰是問出美麗問題的藝術，關於我們自己，關於世界，關於彼此，在艱難無比與並不美麗的時刻。有些時候，安慰是我們所必須尋找的，當內心無法承受最終襲向所有生命與所有努力的疼痛、失去和受苦，當渴望並未以我們認得的形式實現，當認識與所愛的人消失不見，當希望必須採取我們所賦予以外的形式。

安慰是我們打造的家，寬敞而充滿想像，讓失望能在此復原。當人生在各個方面沒有加乘，我們就得迎向從不希望生命如簡單算數的那一部分自己。

安慰是容許身體的內在智慧浮上表面，那部分的自己知道人皆有一死，跟其他事物一樣得離去。安慰在內心無法承受所聞所見的時候，帶領我們去聽頭頂上林梢的鳥鳴，就算我們正得知某個死亡的消息也無妨，每個音符都是早晨與哀悼，都是繼續往前的生命之流，最美的承受與載納，甚至為我們剛失去的生命慶祝。直到這生命從手中被奪去，我們方能真正看見並欣賞。

得到安慰是受邀來到可怕的美之大地，我們無從避免的死亡站在那裡，有個聲音不是在虛假地安慰，而是觸碰傷痛的核心，道出失落的本質，替我們解放了生與死，這兩個同樣與生俱來的權利。

安慰不是逃避，不是受苦的療方，不是虛構的心理狀態，而是直視與參與，是在慶祝美麗的來來與去去，慶祝我們一直都參與其中的出現與消逝。安慰不必是答案，而是邀請，通過疼痛和艱難的門扉，來到痛苦與美的深度，來到算計之心本身無從理解的世界。

尋找安慰是學著詢問更一語中的的尖銳問題，重塑我們跟自己的身分、身體和他人之間關係的問題，即使得不到任何答案。我們站在失去裡，但沒被打倒，成為他人更管用、慷慨、同理甚至有趣的同伴。不過安慰也會以一語中的的尖銳問題來問我們。

首先，你如何承受無可避免的失去？接下來幾年你如何承受它留下的記憶？最重要的是，當世界能生下你，帶你迎向光，然後就在你開始理解之際，把你帶走——那你要怎麼活出一個同等美麗與震撼的人生？

47

觸碰

Touch

活在世上，
意謂著被世界發現，
有時被觸碰到核心，
以我們不願的方式。

觸碰是我們所喜歡的，包含不同形式，孤單時感覺得到，沉靜時感覺得到；走一段路感覺得到，跟別的人事物而非跟自己相遇，草葉輕輕摩娑著肌膚，微風吹拂而過，真正觸碰到別人的手；甚至是先前不敢理解的想法初次觸及心頭。

無論我們是只觸碰眼前所見，還是觸碰到表層底下神祕的內裡，我們都必然面對無盡的交會和交換，但必須維持一貫的內心和身體，實際面和想像面皆然，而這本身反過來也能被發現和觸及。人生在世就是讓世界遇見和觸碰，經由愛的痕跡，經由疼痛，經由快樂，經由日常生活的種種。世界以許多方式觸碰我們，有時損傷身體，有時毀滅希望，經由天災，經由心碎，經由疾病，經由死亡本身。

在古代，神的觸碰既是祝福也是降禍——兩者皆是。活在世上，就意謂著被世界發現，有時被觸碰到核心，以我們不願意的方式。我們所有人從小到大，活在自己的身軀裡，總有時候會感覺被世界以不同方式侵犯或傷害，但我們仍在這個可碰觸的感官世界裡生活和呼吸，經歷創傷，經歷悲傷，經歷復原，而復原是為了再次被觸碰，卻是以對的方式，如同一種雙向互信的神聖邀約。

身體不斷來到新的當下，無從阻擋，唯有死亡本身阻擋得了，由所有文化直覺視為另一種終極形式的親密相會。什麼也無從阻擋我們的變老，無從阻擋我們對時間的見證，一再叫我們在每個不同的當下在場，要可觸，要可尋，面對以血肉之軀活在世上的殘酷後果。

建立不可觸的堅強身分，其實象徵著從世界撤出，象徵著軟弱，象徵著恐懼而非強悍，透露出對恆常必要現實的奇怪誤解。
因此當我們不可觸，也就不存在。

48

無條件的
Unconditional

渴望無條件的愛，
是在渴望一個不同於我們實際擁有的生活。

無條件的愛並不全然可能，無條件的愛是我們永遠無法完全抵達的夢寐以求之地。我們是有生有死的生物，愛的方式和對象關乎我們在這戲劇裡站立的位置，關乎生命與死亡的潮起潮落。愛也許出於無條件的誓言而變得神聖，變得高貴，顯得完美，但讓愛在人間顯得真實的似乎是為愛而生的掙扎，為愛而生的動人對話，而不是真有可能到達這境界。無論是希望能有純粹精神層面的無條件之愛，還是這樣宣稱，背後更常是藏著對豁免和安全的渴望，想避開脆弱與無力的試煉，避開當中劇烈的苦痛——在關係，在婚姻，在生兒育女，在所愛的工作中，所面臨的試煉和苦痛。

渴望無條件的愛，是在渴望一個不同於我們實際擁有的生活。愛是一種對話，一邊是可能的強烈失望，另一邊是深切想像的抵達和實現。我們形塑這個對話的方式，反映在現實世界去愛的能力。愛的正字標記，甚至說奇蹟，是在於無助，而由於我們有意或無意選擇了無助，於是更加奇蹟。無論是愛孩子、伴侶、工作或某條道路，我們都得面對艱辛。

愛的路程與旅程總是經過失望，經過美麗的羞辱，經過種種的禁錮：或是出於我們自己的奇怪行為，或是出於別人的奇怪行為，或是單純出於世界的四季遞嬗，存在的天氣總會吹過曾經穩定的生活，多次把我們吹分開。

無條件的愛，是對不可能的美麗盼望，而我們得從這份對完美的盼望看過去，才能充分了解我們心中無助的本質。我們無法選擇「想要什麼」和「被想要什麼」，而且似乎只在介於想要和被想要之間變動的邊界時，才體現全然的脆弱。無論我們想或不想，每天都受邀進入一個深刻人性的、無比脆弱的世界，有時感到愉快，但通常是艱難的無助；受邀在我們所處的這個有條件的世界裡放手冒險，明白無論走哪條路都必然被心碎觸及，遭遇那些打動我們的艱難和歡欣。唯一可行的途徑似乎只有無條件地把自己獻給有條件的愛，獻給每一次難以抵擋、令人擔憂且有意義的愛的形式。

49

沒回報的

Unrequited

如果想完全有回報，
也許就遠離了愛本身的可能性。

沒回報的愛，是人最常經歷的愛。如果想完全有回報，也許就遠離了愛本身的可能性。男男女女付出的愛向來跟得到的愛不相稱，但也許還是沒回報的愛最尋常可見，畢竟哪份愛是有施就有得呢？每個男男女女的愛各不相同，我們懷抱不一樣的夢想和希望，各自墜入愛河，愛或被愛，在特定的人生，在特定的起點，在接下來幾年需要特定的愛法。別人能怎麼愛我們如我們需要的被愛？在千兜萬轉的人生路上，我們能多貼近地了解誰，持續表現出切合他們所需的愛？

有回報的愛可能成真，卻只是美麗的片刻，一時的祝福，如天幕上某幾顆星星難得排成一列。這驚人的祝福，僅久久收獲一次，而且是對內心與想像的負擔，一個我們得不斷回歸的狀態，這樣我們才覺得是處在真正長久的愛的關係。

無論我們是戀愛，是試著愛鄰如己，還是試著愛某個遠在天邊的神，得到的愛鮮少類似於付出的愛。那份回報經由的方式，起先我們鮮少認得。人若是除非能以相同方式被愛，否則不願去愛，那麼將活得失望連連，形同作繭自縛。這是婚姻的負擔，是育兒的核心難處，也是與任何想像的未來共處的核心難處。出路似乎是別再想控制我們得到回報的方式，拋開因期望特定回報而自然浮現的失望，無論是期望伴侶、孩子或某個慈愛的神都一樣。

我們似乎是生在一個愛而不可得的世界，除了寥寥可數的例外時刻，愛通常像只存在於一方，我們這一方，而這也許是難題，是揭示，是禮物。我們從而把愛當成終極的放手，在愛的門扉前，做出最艱難的犧牲——放開我們想永遠握住的這個事物。

50

脆弱

Vulnerability

逃離脆弱，

就是逃離本質的天性，

徒勞地想變成我們所不是的樣子。

脆弱不是缺點，不是一時的毛病，不是我們能設法去除的，不是一種選擇，而是自然狀態底下恆常可見的伏流。逃離脆弱，就是逃離本質的天性，徒勞地想變成我們所不是的樣子，尤其是關上對別人悲傷的理解。更嚴重的是，拒絕脆弱就是拒絕人生每個轉折所需的幫助，停下我們身分本來如潮起潮落的必要對話。

一時絕然感到有凌駕於所有事情與狀況的力量，不啻一種愉快的錯覺，也許是身而為人最主要而精妙的自欺，尤其是身而為年輕人。但這種錯覺必定會臣服於青春，臣服於疾病，臣服於意外，臣服於所愛之人的離去，因為他們不像我們這般力量披靡，最終將無比斷然地放下這份力量，就像我們嚥下最後一口氣時也會如此。

我們成熟後唯一的選擇是如何處於脆弱，如何藉由親近消亡而變得更巨大，變得更勇敢，變得更悲憫。我們唯一的選擇是像普羅大眾面對失去時那樣，全然處於脆弱裡，否則就會像守財奴和抱怨鬼，總是站在存在的門檻前躊躇害怕，從來不敢大著膽子登堂入室，從來不敢冒險，從來沒有完全走進那道門裡。

51

抽身

Withdrawal

抽身不是消失，
而是找到另一個觀看的地方。

抽身是最好的向前，而如果做得好的話，是帶來自由的仁慈之舉，是美麗的藝術形式，只是在這個強調劍及履及的時代遭到低估。我們的許多參與，即使是為了最高的目標，都淪為在外圍窮忙，起初只是應著很簡單的邀約，結果中心的對話卻錯失掉了。抽身通常不是表面上的樣子，不是在消失，從糾纏不清中抽身可以是為了以一種非常真實的方式再次現身，重新迎向最初的重要邀約。

雖然人生確實像是決心要有種種美麗而迷人的分心，就像我們也害別人分心，測試他們，一如測試自己及雙方的誠心，但我們加入一起共舞，也就更有能力回到重要的所在，回到重要的對象，回到重要的工作。

我們太常死守在錯誤的事情上，原因不是進一步努力能換來

Withdrawal

開花結果，而是無法放手，頭才洗到一半而已，於是愈陷愈深，愈想試著理出道理就愈是深陷，但其實需要的只是清楚往後抽身。

全然、猝然與有時決然的離開，常常就是迎向自由的斷絕，激烈而勇敢。在我們所走的道路中央有神祕陷阱，衝著我們而來，害我們愈陷愈深，這時如果我們抽身脫離，就是開始擺脫假的敵人、假的朋友，甚至是我們製造出來的自我；於是我們迎向淨化，從更根本的角度看自己和世界，因此重新看得更加清楚。抽身不是消失，而是找到另一個觀看的地方，例如厚實的土地，從那裡再度開口說話，以一種不同的方式，以一種清楚有勁而真實的聲音。於是我們的生活突然變成一個強調句，可以辨識為自我的強調句，因此，此刻的我們已經完全放下了抽身的願望。

52

工作
Work

工作其實是親密，

一個我們遇見世界的地方。

工作有許多抽象要素，但其實是親密，一個我們遇見世界的地方。工作是親密和發現，甚至是透過無聊，透過為別人而做的必要苦工與禁錮，透過遭拒與不滿的創傷，透過很糟的補償。工作裡有疏離和不滿，但只是倒反的鏡像，代表古老的人心：我們需要被需要，需要被看見，需要給予，需要對看得見的世界做出貢獻才像確實地活著，需要從工作裡找出一點樂趣，一點回報，一點滿足，甚至一點神祕，某樣我們希望完全屬於自己的事物，無論我們是為自己或他人工作都一樣。

扣除養家活口，工作的本質是在看似兩極之間的親密：一極是從內在根本地感覺自己，一極是渴望對外在某條已然選定但尚未浮現的地平線付出努力。工作是有能力維持一種鍊金術，近乎戀愛關係，既觸及當下的具體本質，也觸及對神祕未來的渴望，亦即工作帶領我們前往的方向。工作的本質在於這份演練與想像的愛，結合遙遠的地平線與此時此地的現實，尤其包括身體感受，還有當初把我們吸引向天職的迫切的（有時無助的）邀約。

工作充滿困難，充滿可見失敗的可能性，未能提供，未能成功，未能做出點不同，未能被看見，還有未能被看見你的被看見。因此，工作是強悍的脆弱，是好的那部分時間，是帶我們通往於公於私很不美麗的羞辱。我們發現工作的本質，起先是從充滿恐懼的印象，再來是從漫長而必要的被拒、奉承、求教與屈辱，第三是從熟能生巧所得的技藝，最後是從工作所獲得的禮物，而出人意料的是這既由世界接受，也由世界拒絕，再奇妙地交還給我們。獲利、認可和財富，這些是美麗的附加收穫，前提是我們對待工作得像墜入愛河，耐心地奉承，倒下與再起，學著與工作同住，對工作長期精心地養育。

工作是把內在做成外在。如同真正的婚姻或關係，相伴的外在形式若想充滿活力，前提是彼此關係的神祕和親密保持著生命，在此時此地實際的身體裡，像雙手互相觸碰彼此或工作的方式。我們的活力，工作的活力，來自於願意一輩子琢磨練習，來自於愛人的羞辱與貶低，來自於所學到謹慎而自信的技藝，然後運用於材料和對話，這些使每天的婚姻真實，使每天的工作真實，尤其是在心碎當中，還帶有為人父母的滿足，眼看成果來到世界。

把社會對工作的想像降為純屬競爭，降為在競爭裡求勝，就如同在譴責我們的社會，在譴責我們的社群，在譴責我們個人的生命，譴責我們的想像陷入了最糟糕的貧窮。在真實世界，這也帶來隔絕，關閉科學界線和藝術界線之間的合作與對話。在真正的接觸和真正的創意中，例如情人的擁抱中，抽象的他人和競爭並不存在。當我們有對的工作，與工作有對的關係，有從努力中持續地收穫，於是我們就在這世界有了個家，終於不需要磨耗的壓力，不需要疲憊的意志，不需要從外頭持續灌注的精力。

我們做我們做的。我們給出禮物，不只透過所作所為，也透過所做時的感覺，甚至透過別人看見我們的所做和所感，給予他們正如他們給予我們，如同愛人，如同掙扎的婚姻：有個人，有工作，有技藝，試著透過驅使我們這麼做的核心祕密，使對話充滿生氣；如同一個給出兩次的禮物，一次是實際的在現在，一次是想像的在未來；工作和身分彼此攜手，不只為了終局，也為了構成前行的每一步。

心視野 心視野系列 062

撫慰人心的 52 個關鍵詞

Consolations: The Solace, Nourishment and Underlying Meaning of Everyday Words

作　　者　大衛・懷特（David Whyte）
譯　　者　林力敏
總 編 輯　何玉美
責任編輯　陳如翎
封面設計　朱疋・許貴華
內文版型　楊雅屏

出版發行　采實文化事業股份有限公司
行銷企劃　陳佩宜・黃于庭・馮羿勳・蔡雨庭
業務發行　張世明・林踏欣・林坤蓉・王貞玉
國際版權　王俐雯・林冠妤
印務採購　曾玉霞
會計行政　王雅蕙・李韶婉
法律顧問　第一國際法律事務所　余淑杏律師
電子信箱　acme@acmebook.com.tw
采實官網　www.acmebook.com.tw
采實臉書　www.facebook.com/acmebook01

I S B N　978-986-507-065-6
定　　價　350 元
初版一刷　2019 年 12 月
劃撥帳號　50148859
劃撥戶名　采實文化事業股份有限公司
104 台北市中山區南京東路二段 95 號 9 樓
電話：(02)2511-9798　傳真：(02)2571-3298

國家圖書館出版品預行編目資料

撫慰人心的 52 個關鍵詞 / 大衛 . 懷特 (David Whyte) 著 ; 林力敏譯 .
-- 初版 . -- 臺北市 : 采實文化 , 2019.12
面；　公分 . -- (心視野系列 ; 62)
譯自 : Consolations: The Solace, Nourishment and Underlying Meaning of Everyday Words
ISBN 978-986-507-065-6(精裝)

1. 自我實現 2. 英語 3. 心理語言學

177.2　　108018532

采實出版集團
ACME PUBLISHING GROUP

HEART

心|視野

HEART
心視野